ALGÉRIE.

DE LA NÉCESSITÉ

DE SUBSTITUER

LE GOUVERNEMENT CIVIL

AU GOUVERNEMENT MILITAIRE

Pour le succès de

LA COLONISATION D'ALGER;

PAR

M. LEBLANC DE PRÉBOIS (François),

Capitaine d'État-major.

Quand Villeroi, battu, revint à Versailles, Louis XIV lui dit : « Monsieur le Maréchal, on n'est pas heureux à notre âge. » (*Historique.*)

Être battu, c'est un malheur qui peut arriver au plus habile général. *Être surpris, jamais!*

Paroles du grand CONDÉ.

PARIS.

CHEZ DÉLAUNAY, LIBRAIRE, AU PALAIS-ROYAL,

GRANDE GALERIE DE PIERRE, N° 182 ET 183.

MONTPELLIER.

CHEZ BOEHM ET COMP., IMPRIMEURS-ÉDITEURS.

1840.

DE LA NÉCESSITÉ

DE SUBSTITUER

LE GOUVERNEMENT CIVIL

AU GOUVERNEMENT MILITAIRE

pour le succès

DE LA COLONISATION D'ALGER.

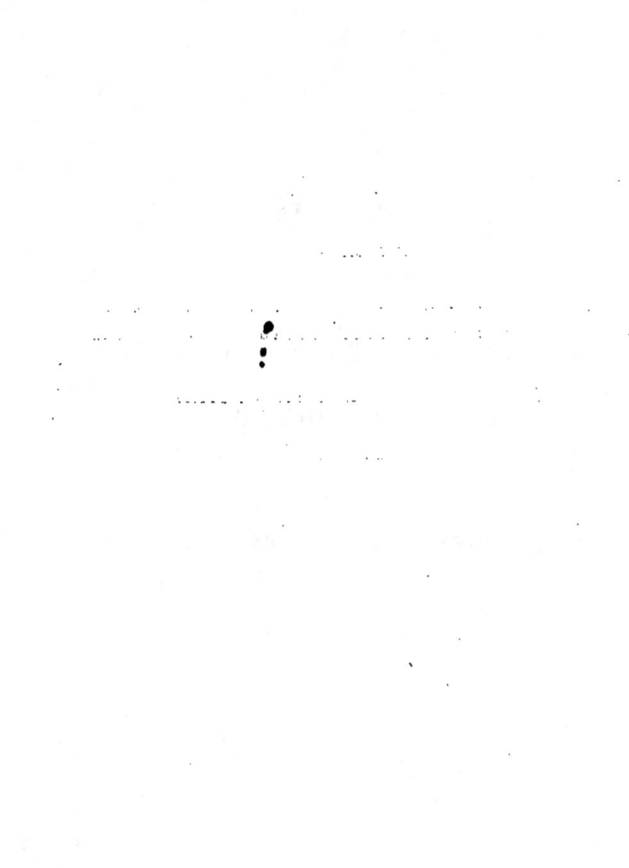

ALGÉRIE.

DE LA NÉCESSITÉ

DE SUBSTITUER

LE GOUVERNEMENT CIVIL

AU GOUVERNEMENT MILITAIRE

Pour le succès de

LA COLONISATION D'ALGER;

PAR

M. LEBLANC DE PRÉBOIS (François),

Capitaine d'État-major.

Quand Villeroi, battu, revint à Versailles, Louis XIV lui dit : « Monsieur le Maréchal, on n'est pas heureux à notre âge. » *(Historique.)*

Être battu, c'est un malheur qui peut arriver au plus habile général. *Être surpris, jamais !*
Paroles du grand CONDÉ.

PARIS.

CHEZ DELAUNAY, LIBRAIRE, AU PALAIS-ROYAL,

GRANDE GALERIE DE PIERRE, No 182 ET 183.

MONTPELLIER.

CHEZ BOEHM ET COMP., IMPRIMEURS-ÉDITEURS.

1840.

EXPLICATION DE LA CARTE.

Les routes à double trait ponctué, sont celles à faire immédiatement.

Celles à un seul trait ponctué, sont celles à faire lorsque les espaces renfermés entre celles à double trait et le rivage de la mer, seront suffisamment peuplés.

Les trois surfaces renfermées entre les routes à double trait et le rivage, sont chacune d'environ 600 lieues carrées, ou contiennent chacune environ 960,000 hectares.

MONTPELLIER, IMP. DE BOEHM ET COMP.

INTRODUCTION.

———

D'après les événemens graves dont l'Algérie vient d'être le théâtre, un cri de guerre auquel le Ministère a répondu s'est élevé dans toute la France. Les journaux ont pris l'initiative et ont dit : *Il faut venger l'honneur national, recommencer les hostilités et exterminer Abd-el-Kader.*

Nous répondrons aux justes plaintes du pays :

L'honneur national n'est point compromis par l'attaque d'un chef de horde ; il le serait plutôt par la gestion inintelligente des gouvernans (1) ; et s'il fallait venger quelqu'un, c'est le petit nombre de braves et courageux colons qui ont voulu généreusement tenter, pour la prospérité de nos possessions d'Afrique, ce que les hommes du pouvoir n'ont jamais su faire.

(1) Par les mots *gouvernement, gouvernans, hommes du pouvoir,* etc., nous n'entendons parler que du gouvernement de la colonie. Nous avons la conviction que si le Ministère est pour quelque chose dans nos insuccès en Afrique, ce n'est que faute de documens exacts : il n'a donc pu adopter un système avec connaissance de cause.

Les désastres arrivés dans la plaine de la Mitidja, n'ont rien qui doive surprendre l'observateur impartial qui connaît l'Algérie, ses habitans et notre système d'occupation. A la seule inspection de nos lignes de défense, on comprend quelles facilités les indigènes ont dû trouver à pénétrer inaperçus presque jusques aux portes d'Alger.

La plaine de la Mitidja s'étend derrière le massif d'Alger, sur une longueur de 25 lieues environ, et sa largeur moyenne est de 4 à 5; elle est bornée au sud par le Petit-Atlas et à l'ouest par une partie marécageuse et boisée, qui sert de repaire aux Hadjoutes, ou plutôt à une horde de brigands toujours en embuscade pour surprendre les Européens militaires ou civils, qui s'aventurent à une petite distance des camps.

Nos positions militaires sont presque toutes situées au pied de l'Atlas habité par les Kabaïles. On a constamment négligé de défiler nos postes des hauteurs; aussi, les Arabes et les espions d'Abd-el-Kader, qui circulent librement dans les montagnes, dominent nos camps, peuvent compter nos hommes et apprécier avec exactitude les efforts dont ils sont capables. Chaque jour on admet sans contrôle, les indigènes au milieu de nos soldats. Les émissaires de l'ennemi prennent à loisir des renseignemens sur nos forces, reconnaissent nos points vulnérables et assurent ainsi la réussite de leurs attaques; la distance entre les endroits fortifiés est généralement trop considérable : du côté de la montagne, deux, trois lieues et même plus les séparent. Une large voie est donc ouverte aux Arabes, qui peuvent ainsi se répandre en grand nombre dans la plaine : telles sont ces lignes *infranchissables* qui composent le système actuel de défense.

Du reste, qu'a fait Abd-el-Kader? Il a profité, pour fondre sur nous, du moment où nous étions le plus faible possible, soit par nos pertes, en suite des inutiles et cruelles épreuves auxquelles M. le maréchal Valée a soumis l'armée, soit par l'*éparpillement* inconsidéré de ses débris, dans des camps mal sains et mal placés. L'événement arrivé récemment n'a, *militai-rement* parlant et en *considérant* l'honneur de la France, pas plus d'importance qu'une charge de Cosaques; notre armée a fait son devoir et M. le Maréchal a mauvaise grâce de rejeter ses fautes sur elle. Son rapport au Ministre, dans lequel nous avons remarqué un ton d'humilité qui ne lui est pas ordinaire, prouve qu'il s'est laissé surprendre. Comment expliquer que 1,500 cavaliers ennemis aient pu se rassembler presque sous les yeux de nos avant-postes, sans que M. le Maréchal en ait eu connaissance? S'il avait eu le moindre vent de ce mouvement de l'ennemi, n'aurait-il pas prévenu les commandans des camps de se tenir sur leurs gardes et de ne laisser circuler aucun convoi? Ce ne sont pas les troupes qui ont été surprises; leurs chefs particuliers n'ont pas de *fonds secrets* pour entretenir des espions chez l'ennemi. M. le maréchal Valée seul est responsable. Il y a ici cette différence entre lui et M. le général Trézel, c'est qu'il inculpe en quelque sorte l'armée, tandis que le second, lors de l'affaire de la Macta, prit noblement sur lui la responsabilité d'événemens qui ne pouvaient lui être attribués.

C'est donc pour repousser un ennemi grandi par une panique incroyable et dont nous démontrerons plus tard la faiblesse, que la guerre est décidée; c'est contre ce chef de horde que M. le maréchal Valée a besoin d'une levée de 25,000 hommes et d'une dépense de 19 millions.

Véritablement c'est le cas de lui répéter le mot de Louis XIV à Villeroi : « Monsieur le Maréchal, on n'est pas heureux à notre âge. »

On veut faire la *guerre* ; le plus mauvais moyen de remédier aux malheurs qui viennent d'arriver. *La guerre !* contre qui? Contre une horde insaisissable qui s'éparpille comme la poussière du désert, au moment où nous croyons la saisir ; *la guerre !* dans un pays nu et sans ressources, dans d'immenses solitudes, éternel fléau de toutes les armées. Mais, comment la faire cette *guerre* ? A-t-on oublié que , pour faire 20 lieues , de Medjez-Ammar à Constantine avec à peine 11,000 hommes , nous n'avons pu emporter que pour 8 jours de vivres , et que la veille de l'assaut de Constantine , nos munitions de bouche et de guerre étaient presque épuisées?

Veut-on savoir ce que dix ans d'expérience nous ont appris? Veut-on savoir ce qu'est la guerre en Afrique? Le voici:

On part en grand nombre , les soldats chargés outre-mesure de vivres et de cartouches ; on marche pendant plusieurs jours sans se battre ou en se battant ; car , les Arabes ne peuvent nous empêcher d'avancer. Au retour, les vivres manquent ; tout le monde est à demi et même au quart de ration ; les hommes tombent malades en route , encombrent les ambulances, et quand elles sont pleines , ils restent en arrière mourans et sans force. L'armée marche toujours d'un pas inexorable ; les Arabes attaquent avec fureur la queue de la colonne , décapitent les malheureux qui ne peuvent suivre , blessent un assez grand nombre des nôtres, parce qu'ils tirent sur des masses. On ordonne de belles charges de cavalerie qui, la plupart du temps, n'atteignent personne ; le canon tonne. On arrive enfin , laissant une longue trace de boue et de sang. Néanmoins, on a vaincu , les bulletins le disent; plusieurs malheureux se sont suicidés de désespoir, et les hôpitaux s'encombrent des vainqueurs.

Voilà la guerre ; et quels en sont les résultats ? Nous l'ignorons, si ce n'est que nos ressources s'épuisent sans fruit et que notre armée est décimée sans utilité. Quelques chefs y acquièrent des grades; c'est vrai. Mais nos soldats , quelle est leur récompense? La mort!

Nous ne croyons pas qu'il soit un seul militaire de bonne foi qui pense autrement que nous , et qui, pénétré de la nécessité de la colonisation , ne regrette le fatal emploi des sommes énormes que nous jetons au vent dans ce malheureux pays. Qu'on lise les chapitres suivans : nous avons encore l'espoir qu'on renoncera à une guerre désastreuse.

On ne peut se le dissimuler , et nous le disons hautement

sans crainte d'être démenti, la stagnation déplorable de la colonie, la stérilité dont sont frappés les efforts des colons, sont dûs uniquement à nos gouverneurs : comme *militaires*, ils se sont trompés, jusqu'à ce jour, sur le nombre et la nature d'un ennemi qu'ils n'ont jamais connu ; comme *politiques*, ils se sont laissé fourvoyer par les Arabes et ceux qui ont créé la politique arabe ; enfin, comme *administrateurs*, ils ont abusé sans profit et sans gloire pour la France, des immenses ressources mises à leur disposition.

En présence des faits qui se déroulent aujourd'hui en Algérie, le Ministère ne saurait ajourner plus long-temps l'adoption d'un système propre à amener des résultats meilleurs que ceux obtenus jusqu'à présent. Mais, sans craindre de blesser la susceptibilité de ceux qui ont écrit sur la colonie, nous soutiendrons que les *renseignemens* donnés sont pour la plupart hasardés, et que l'empressement avec lequel on les a publiés, a conduit à des jugemens prématurés. Malheureusement, en France, on ne connaît nos provinces d'Afrique que par ces écrits erronés ; et si, dans l'adoption d'un nouveau système de défense, ils étaient pris en considération, le Ministère serait conduit encore à de nouvelles erreurs et exposerait la colonie à de nouveaux désastres.

Nous aussi, nous avons adopté et rejeté tour à tour diverses hypothèses ; nous avons réformé bien des jugemens que nous avions portés sur les chances de succès de notre colonisation ; mais nous n'avons pas voulu substituer sans réflexion, nos rêves à la réalité ; nous avons attendu que l'expérience eût confirmé les observations que nous avions faites, et que notre conscience nous impose la loi de publier.

Les commissions formées en France et envoyées dans la la colonie, ne sont pas aptes à éclairer le Gouvernement. Il ne suffit pas d'un jour, d'un mois, ni même d'une année, pour juger sainement l'état du pays ; il faut y avoir résidé long-temps, avoir observé tout avec calme, et ne pas arriver avec des idées faites d'avance ou des formules pour ou contre la colonisation. Les personnes à consulter pour l'établissement d'un système rationnel, sont celles qui ont séjourné long-temps en Afrique; ce n'est, au reste qu'à ce titre, que nous nous permettons de présenter nos opinions.

Soldat de la conquête en 1830, nous n'avons quitté l'Algérie qu'au mois d'octobre dernier; nous sommes au nombre de ceux qui ont pris au sérieux l'occupation et la colonisation. Pendant 9 ans, nous avons attentivement suivi ce qui se passait sous nos yeux, et nous avons, il faut le dire, bien souvent gémi de ce qui se faisait.

Si nous étions assez heureux pour que notre voix fût entendue, nous saurions bien désigner les hommes qui ont le mieux compris l'Algérie, et qui pourraient établir les bases d'un système convenable aux vues de la France et à la prospérité de notre conquête.

Dans l'écrit que nous présentons aujourd'hui, notre but est de signaler les faits importans, ceux qui dominent tous les autres, et qui seuls doivent servir de base au système à créer pour accomplir l'œuvre de la colonisation; aussi, ne donnerons-nous que les détails indispensables pour faire comprendre les idées que nous émettons.

Qu'importent, en effet, des notions hypothétiques et laborieusement recueillies sur les diverses races d'indigènes? Sont-elles utiles ailleurs que dans l'histoire de la nation? Il suffit de dire que l'Islamisme élève entre nous et les Arabes une barrière infranchissable pour le présent. Qu'importent les observations sur les mœurs de la population européenne d'Alger? Si le poète anglais Campbell a dit avec quelque raison en 1834 : *Alger est un bagne en liberté;* la population s'est améliorée, et ses mœurs s'épureront chaque jour avec l'accroissement du nombre des habitans.

Qu'on ne vienne pas nous vanter les vertus des Musulmans. Le *fatalisme* leur donne la quiétude que nous remarquons dans leur existence ; mais leurs vices ne le cèdent point aux nôtres. Ils sont *assassins*, *voleurs*, *faussaires* et *tous* adonnés à la *pédérastie*. Le *mensonge* leur est si habituel, que M. le duc de Rovigo et le général Boyer avaient interrompu presque toutes leurs relations avec eux.

L'Arabe des villes est lâche et intrigant ; celui des campagnes est plus redoutable, par les ruses qu'il emploie pour assurer ses attaques. Jamais, chez eux, le courage n'a suppléé au nombre, et nos troupes sur leurs gardes, n'ont jamais eu à repousser d'agressions sérieuses.

Tel est le peuple, en présence duquel une nation puissante comme la France, se trouve depuis 9 années, et que nous nous proposons, dans les pages que nous publions aujourd'hui, de faire mieux connaître. Puisse-t-on y voir l'intérêt que nous portons à une colonie qui a déjà tant coûté, et accueillir avec indulgence l'expression du sentiment de patriotisme qui nous a guidé dans ce travail !

Trois chapitres divisent cette Notice.

CHAPITRE PREMIER. — Peut-on de la configuration du terrain déduire la salubrité du climat ?

Les populations peuvent-elles par leur nombre et leurs forces militaires nous opposer des obstacles sérieux ?

Les produits agricoles sont-ils en rapport avec la fertilité du territoire ?

Le commerce avec les indigènes mérite-t-il d'être encouragé ; peut-il prendre de l'extension ?

Quels sont les progrès de la colonie ?

Peut-on espérer quelques modifications heureuses dans le caractère Arabe (1) ?

______

(1) La population de nos possessions d'Afrique peut se classer en deux divisions : 1° les *Arabes*, peuples pasteurs et conséquemment dévastateurs ; 2° les *Kabaïles*, industrieux, mais arriérés ; tous tenant les *Européens* en dehors de leur vie intime, par la différence des croyances.

Doit-on continuer à observer la capitulation de 1830 ?

Les Arabes eux-mêmes ne l'ont-ils pas rompue ?

Le territoire appartient-il à l'État ?

Chapitre II. — Les gouverneurs ont-ils rempli les conditions du mandat qu'ils avaient reçu ?

Le gouvernement militaire n'est-il pas inhabile à faire progresser la colonie?

Le gouvernement civil ne le remplacerait-il pas avec avantage, en s'occupant avec zèle de couvrir par des populations agricoles les espaces libres que nos camps protègent?

Une population militaire ne serait-elle pas propre à résister aux attaques des indigènes ?

Chapitre III. — Proposition d'un système d'occupation militaire imité des Romains, et pouvant assurer la possession réelle du territoire.

DE LA NÉCESSITÉ

DE SUBSTITUER

LE GOUVERNEMENT CIVIL

AU GOUVERNEMENT MILITAIRE

pour le succès

DE LA COLONISATION D'ALGER.

CHAPITRE PREMIER.

Preuve de la salubrité du Climat, tirée de la configuration générale de l'Algérie. — Population. — Force militaire actuelle des Arabes. — Agriculture. — Commerce. — Colonisation. — État de la propriété. — Capitulation de 1830.

La côte est généralement très-montagneuse , et inabordable dans toute sa longueur, sauf quelques points où les Turcs ont formé des établissemens qui sont au nombre de douze environ, depuis la Calle jusqu'à Oran (1). Quatre seulement sont praticables pendant la mauvaise saison, c'est-à-dire, depuis l'équinoxe d'automne jusqu'à l'équinoxe de printemps (2).

(1) Ce sont les ports de *la Calle , Bone , Stora , Collo , Gigeli, Bougie , Delys , Alger , Cherchel , Tenez , Arzew , Mers-el-Kébir.*

(2) Ce sont *Bougie, Alger, Mers-el-Kébir* et *Gigeli,* quand on aura fait à ce dernier les travaux que semble indiquer une ligne de rochers formant presque une jetée.—Bone pourra devenir un bon port, si l'on veut sérieusement s'occuper de débarrer la rivière Seybouse, qui a généralement 18 à 20 pieds d'eau, et qui pourrait contenir au moins 200 navires de commerce.

2

Ce que l'on nomme Petit-Atlas, est une chaîne de montagnes dont les sommets principaux forment une ligne qui paraît courir dans la province de Bone, de l'est à l'ouest, à environ 15 ou 16 lieues dans l'intérieur des terres, et vient aboutir dans le sud de Delys aux monts Bibans. De ce point, le Petit-Atlas s'étend dans la province de Titteri au sud de Belida, et se prolonge ensuite dans la province d'Oran jusqu'à Tlemcen, en s'écartant de 6 ou 7 lieues des côtes. Les nombreux contreforts que le Petit-Atlas jette jusqu'à la mer, forment la côte montagneuse que nous avons citée.

Le Grand-Atlas, ou plutôt les monts Aurès, à environ 20 ou 25 lieues plus au sud que le Petit-Atlas, dans la province de Bone et Constantine, et à une distance plus rapprochée dans les provinces de Titteri et d'Oran, se dirige d'abord de la frontière sud de Tunis au Biban, c'est-à-dire, de l'est au nord-ouest, et du Biban à l'ouest dans le territoire de Titteri, à 12 lieues plus au sud que le Petit-Atlas. De là, presque parallèlement à cette dernière chaîne, il passe dans la province d'Oran en se rapprochant de la côte, qui elle-même décline sensiblement de l'est au sud-ouest.

Les Bibans sont donc le nœud des deux chaînes ; aussi, les contrées situées au sud de Bougie et de Delys sont-elles très-montagneuses. L'Aurès trace la ligne de partage des eaux du désert et du bassin de la Méditerranée. Le Petit-Atlas, fréquemment coupé par des ravins, donne passage aux principaux cours d'eaux qui, avant de se jeter dans la mer, reçoivent des ruisseaux et des torrens.

Les notions à donner sur le désert qui se trouve au sud des monts Aurès, sont peu exactes ; cependant, on peut affirmer que la culture des céréales cesse sur leur versant méridional. Le pays, planté de palmiers-dattiers, paraît ne contenir que des oasis, dont la population est très-réduite. Entre le Petit-Atlas et l'Aurès, le terrain est montagneux, mais fertile. On y voit à 600 ou 700 mètres au-dessus du niveau de la mer, de vastes plateaux, où le trèfle et le sainfoin forment des nappes rouges à perte de vue. La province de Constantine, la plus fertile des trois, présente surtout de magnifiques prairies.

L'intervalle qui sépare le Petit-Atlas de la mer, renferme

une série de vallées très-boisées, et de montagnes où des terres sont cultivées presque jusqu'au sommet. Là croissent beaucoup d'oliviers, de caroubiers, de chênes-liége et robur. Quelques vastes plaines, celles de Bone, de la Mitidja, etc., s'étendent vers la mer.

La configuration du sol est un indice certain de la salubrité du climat. Les marais qui existent dans les plaines et aux embouchures des rivières, sont sans doute nuisibles à la santé des troupes; mais tous peuvent être desséchés. Aucun d'eux ne donnerait pour y parvenir les difficultés que présentent certains marais d'Europe, car un homme à cheval peut les franchir *tous* aisément. La seule culture les ferait bientôt disparaître, en même temps qu'elle convertirait en engrais les débris putréfiés de végétaux, qui, depuis longues années, couvrent la surface du sol.

Ce n'est point la terre d'Afrique qui est malsaine, mais bien les conditions d'existence qui y sont imposées aux militaires. M. Blanqui vient de flétrir énergiquement l'incurie du gouvernement actuel, et l'abandon coupable dans lequel il laisse le soldat. Pourquoi ce philanthrope n'a-t-il pas pu tout examiner, et signaler à la France les dilapidations commises chaque jour par quelques agens de l'administration des subsistances militaires, dont le luxe effréné contraste avec la misère des troupes? Le corps de l'Intendance, trop surchargé de détails, ne peut exercer une vigilance assez active sur cette partie si importante du service. La nourriture de l'armée est insuffisante et trop grossière : on ne comprend pas comment les hommes, même les plus robustes, avec un régime alimentaire qui rendrait malades nos soldats en France, peuvent résister aux fatigues inouïes auxquelles on les assujettit. Comment donc des chefs, dont on est loin de soupçonner l'intégrité, n'ouvrent-ils pas les yeux sur ces abus crians ? Il ne suffit pas d'être honnête, il faut encore sévir à tout prix contre les agens infidèles.

Population. — Plusieurs savans, se reportant à leurs souvenirs d'Europe, ont pensé qu'ils pourraient établir le chiffre de la population de la régence, au moyen de quelques rôles d'impositions et du montant des sommes versées dans le trésor du Beylick ; d'autres ont basé leurs assertions sur des renseignemens que leur donnaient quelques Arabes. Ces recherches n'ont produit que les chiffres déjà présentés par les auteurs qui ont écrit sur l'Algérie, avant la conquête de 1830. On ne peut accorder aucune confiance au rapport des indigènes (1). Nous pensons donc qu'il y a une énorme exagération dans le nombre de 2 à 3 millions d'habitans que l'on dit répandus dans la contrée. D'abord démontrons que la quotité des impôts ne peut fournir une juste appréciation.

Les contributions à prélever n'étaient jamais exactement déterminées, l'Arabe ne connaissant pas la manière d'évaluer la surface de son territoire, et ne tenant, même dans les villes, aucun registre des naissances ou des décès. On savait le nom des tribus, le nombre approximatif de leurs troupeaux et de leurs silos ; ces notions servaient à établir l'*achour*, ou la quotité de la dîme. Le nombre des charrues indiquait celui des *gebda* (mesure agraire déterminée par le travail moyen d'une paire de bœufs pendant la saison du labour). Le *hoker*, ou prix du loyer des terres, était fixé à 15 francs par *gebda*, dans la province de Bone et Constantine.

Ces notions une fois établies dans toute l'Algérie, à l'exception des terres des Kabaïles, chez lesquels les Turcs paraissaient rarement, le Dey affermait les provinces à ses Beys, qui eux-

(1) M. Bonfils, lieutenant de vaisseau, commandant le chebec de l'État, le *Boberak*, nous citait un fait qui prouve le peu de confiance qu'on doit ajouter aux renseignemens fournis par les indigènes. Ayant relâché dans le port de Collo et s'entretenant avec de vieux Arabes, il leur demanda si Collo avait été considérable au temps des Beys, c'est-à-dire, s'il recevait beaucoup de navires de commerce. — Oh, beaucoup, beaucoup..! — Y en avait-il 40 (*Arbaïn*)? Les Arabes, ayant réfléchi, répondirent : *Oui, quarante*. Plus loin, dans un autre groupe, il obtint le chiffre 200 ; plus loin encore, 300.

Consultés sur les distances, les indigènes les évaluent par journées, sans tenir compte de la vitesse de leurs montures, ni de la rapidité de leur marche. Aucun d'eux ne s'accorde sur les noms des rivières ou des montagnes. Ainsi, la *Seybouse* se nomme successivement *Oued-Zenati, Seybouse, Oued-Beni-Sala.*

mêmes avaient des sous-fermiers nombreux (1). Aucun des officiers des Beys ne recevait de traitement ; il payait, au contraire , sa charge fort cher, et devait, sous peine de se la voir enlever , verser annuellement au trésor la moitié du prix qu'elle lui avait coûté.

Les prix fixés pour les investitures produisaient , pour la première fois, une somme de 1,118,400 boudjous , ou 951,640 fr. (le boudjou de Constantine ne vaut que 85 cent.), et ensuite annuellement la moitié de cette somme.

Souvent les Scheiks de *Tuggurt* et de *Sahara* se passaient de l'investiture et ne payaient pas très-exactement ; ils étaient trop puissans ou trop éloignés pour qu'il fût facile de les y soumettre. Le *hocker* et l'*achour,* après avoir passé en tant de mains intéressées, produisaient un bien médiocre revenu pour le Bey. A ces impôts s'en joignaient d'autres arbitraires , les amendes , les enlèvemens de chevaux, etc. La population arabe était réellement écrasée, sans que pour cela le Dey d'Alger perçût de grosses sommes. Nous avons su que, lors du blocus de 1827 à 1830 , les profits de la piraterie ayant cessé , les sommes versées par les Beys des provinces de Constantine , de Titteri ou d'Alger et d'Oran, ne se sont pas élevées en tout à un million de francs par an.

Les Turcs connaissaient la faiblesse de la population qu'ils opprimaient ; aussi, pour ménager leurs ressources , n'admettaient-ils que difficilement les renforts volontaires qui leur arrivaient de la Turquie d'Europe ou d'Asie. Ces détails sont suffisans pour démontrer le peu de certitude que présente un chiffre de population établi d'après la quotité de l'impôt.

Après 9 années d'observations , nous émettons notre opinion sur le nombre d'habitans , par les raisonnemens suivans.

L'Algérie, depuis l'embouchure de la Tafna jusqu'à la Calle, offre une longueur de 250 lieues de 4,000 mètres ; sa largeur moyenne est de 40 lieues ; sa surface est donc de 10,000 lieues carrées.

Si trois millions d'hommes habitaient ce territoire , chaque lieue carrée, l'une dans l'autre, aurait 300 habitans ; et,

(1) Voir la note I, à la fin de l'ouvrage.

dans quelque direction que l'on marchât, on devrait trouver moyennement à chaque lieue de poste un douar (village) de soixante tentes renfermant chacune cinq individus. S'il y avait même 1,500,000 habitans, les douars auraient trente tentes au lieu de soixante; mais il est à la connaissance de toute l'armée, que l'on fait souvent cinq, six et même jusqu'à dix lieues sans rencontrer un douar, mais seulement quelques pâtres isolés. Nous croyons exagérer en comptant 50 habitans par lieue carrée; mais nous nous en tiendrons à ce chiffre, qui certainement est plus près de la vérité que tous ceux émis jusqu'à présent, et qui donne une population totale de 500,000 âmes sur les 10,000 lieues carrées de l'ancienne régence.

Formons-nous maintenant, avec ce point de départ, une idée de la force militaire du pays.

Les femmes composent les trois cinquièmes de la population. Il n'y a donc que 200,000 hommes, parmi lesquels on peut compter 80,000 vieillards, enfans ou invalides. Restent à peu près 120,000 hommes valides, dont la moitié à peine est armée d'une manière incomplète : chacun sait que, dans toutes les circonstances, lorsque les Arabes vont faire quelque excursion guerrière, ils laissent au moins la moitié de leurs forces pour protéger leurs familles et leurs biens contre les *Razias* (mot arabe écrit ghazia), ou les attaques de leurs ennemis particuliers. La France n'a donc dans toute l'Algérie, que 30,000 hommes en état de lui résister ; c'est à peu près 10,000 ennemis pour chacune des trois provinces de Constantine, d'Oran et de Titteri.

Ces 30,000 combattans qui forment toute la puissance arabe, sont disséminés sur une surface de 10,000 lieues carrées; et cette tourbe indisciplinée, sans organisation, sans artillerie, souvent sans munitions, est incapable, en supposant même qu'elle pût se réunir, d'aucun effort sérieux.

Que deviennent donc ces 5 à 6 mille ennemis que nous croyons voir dans chaque groupe d'Arabes? Pour réunir 6,000 hommes, il faudrait les appeler d'une surface de 1,875 lieues carrées, c'est-à-dire, les faire s'éloigner de leurs foyers d'environ 22 à 44 lieues, ce qui est presque impossible. En ce pays, pas plus qu'en Europe, une masse qui se déplace ne trouve l'hospitalité gratuite. Ce ne serait donc que l'espoir d'un pillage certain qui pourrait les attirer, et, depuis 1830, ils sont bien revenus de cette espérance chimérique.

Cependant, nous avons déployé jusqu'à 50,000 hommes de bonnes troupes et dépensé plus de 300 millions, pour ne posséder que le terrain balayé par notre canon, pour n'avoir que quelques fermes, dues à l'esprit entreprenant et au courage de quelques colons, et des jardins dans la banlieue d'Alger. En vérité, si le vice radical existant dans le système actuel d'occupation doit se perpétuer, ne craignons pas de le dire, il faut quitter Alger ! Ayons enfin le courage d'avouer à la face du monde notre inhabileté; imitons hardiment Louis XV, sous le règne duquel le Canada, la Louisiane et les Indes, conquêtes du grand Roi, furent lâchement abandonnées; répudions la gloire de l'Empire ; combattons dix, vingt contre un, et après avoir vaincu, avec les meilleures troupes de l'Europe, une poignée de sauvages indisciplinés, faisons des bulletins de ce style immodeste qui nous rendra la risée de l'Europe !

Si Abd-el-Kader, que l'on nomme fastueusement l'Émir, pouvait disposer des forces qu'on lui prête avec tant de complaisance, serait-il obligé de prêcher la guerre sainte qui est certainement sa dernière ressource; car, après le *fanatisme*, quelle passion pourra-t-il remuer contre les Français ? Eh bien, cette guerre sainte, ouvertement prêchée depuis deux ans, n'a abouti qu'à lancer sur nos avant-postes 1,500 cavaliers au plus ! Ils ont surpris, il est vrai, de faibles escortes ; mais ils n'ont pu forcer quelques fermes isolées, défendues par des colons.

Tel est l'ennemi auquel tous nos journaux, sur la foi de quelques écrits dictés par la terreur, accordent sans réflexion un pouvoir redoutable.

Pourquoi supposer à Abd-el-Kader une puissance organisatrice telle, qu'il puisse en peu de temps faire ce qu'une nation forte et civilisée ne peut exécuter qu'à la longue? Pense-t-on que, dans un pays dépeuplé et presque sans ressources, il soit facile d'organiser une armée ? En admettant qu'il puisse réunir 10,000 hommes, il ne pourrait les nourrir pendant plus de 5 ou 6 jours.

Certainement ces idées de terreur accréditées au ministère engendreront de nouvelles fautes, et retarderont l'adoption d'un système profitable à la colonie.

Il ne faut point se préoccuper de tactique et de stratégie contre les Arabes ; il faut savoir seulement s'en garantir comme on le ferait contre des bêtes fauves (1).

Mais, qu'on ne se trompe pas sur nos intentions ; en apportant ces preuves de l'impuissance de l'ennemi, nous ne voulons pas en inférer qu'il ne faut pas se défendre. A Dieu ne plaise ! Notre but est de démontrer qu'on doit utiliser les immenses moyens dont nous disposons, et proportionner la défense aux obstacles qui nous sont opposés.

L'armée ou plutôt la horde de l'Émir, dont on s'exagère singulièrement la force, n'a jamais dépassé 3 à 4 mille hommes, qu'il ne peut même tenir constamment réunis. Il vit sous la tente comme les autres Arabes, sans magasins ni finances. Les contributions qu'il lève sur les indigènes, l'ont déjà rendu odieux. Il est si peu respecté que, sans les précautions dont il s'entoure, sa tête serait déjà entre nos mains, si notre loyauté ne repoussait pas de semblables moyens. Nous tenons de M. de Loyne, député, qu'elle lui a été offerte pour 6,000 fr.

Opposons encore d'autres raisonnemens aux craintes chimériques de quelques personnes qui, ne connaissant pas l'Afrique, supposent 50,000 hommes à notre ennemi.

En 1830, époque où l'armée indigène, aidée de 6,000 Turcs, devait être la plus nombreuse possible, soit parce que les Arabes étaient encore sous l'influence d'une espèce d'organisation, soit parce qu'ils étaient attirés par l'appât d'un butin qu'ils croyaient certain, l'armée arabe, aidée de tous les pillards Tunisiens et Marocains, voisins des frontières, ne présentait pas un effectif de 30,000 hommes. Ici, les chiffres viendront encore à l'appui de notre assertion.

L'expédition française de 1830 comptait 56 bataillons de 8 à 900 hommes chacun, ou se composait de 3 divisions de

______

(1) C'est le cas de faire connaître au lecteur une lettre remarquable de M. le général Bugeaud, insérée au *Courrier français* du 12 mai 1838, et portée dans la note II, à la fin de l'ouvrage.

12 bataillons chacune. Pendant les vingt jours de campagne qui précédèrent la prise d'Alger, une seule division fut engagée à la fois, c'est-à-dire, que chacun de ses douze bataillons détachait une ou deux compagnies en tirailleurs, ce qui faisait au plus 24 compagnies ou 2,400 hommes en présence de l'ennemi. Celui-ci ne s'est presque jamais montré en plus grand nombre que nos tirailleurs. Mais, admettons que sa ligne de bataille ait été quatre fois plus forte, et qu'il n'ait déployé simultanément que la moitié de ses forces, d'après cette hypothèse exagérée il n'aurait eu encore que 20,000 hommes. En 1830, les seuls combats sérieux que nous ayons eu à livrer, ont eu lieu contre les Turcs, les Arabes ne faisant que tirailler dans le lointain.

Nous n'avons donc rien à redouter de la grandeur future d'Abd-el-Kader. Il n'a, en supposant l'acceptation par les Arabes et les Kabaïles du traité de la Tafna, que 300,000 sujets, sur lesquels il règne à la manière d'un ulcère sur le corps d'un homme, c'est-à-dire qu'il se nourrit de leur substance. Loin donc de les civiliser, ce dont ils n'ont aucune envie, il ne fait que les affaiblir en entretenant parmi eux la guerre et la discorde.

Voilà, nous l'espérons, un *Croque-mitaine* dévoilé. ⌡

AGRICULTURE. — L'Afrique française, où tout est à créer, loin d'être un pays épuisé, comme l'a prétendu M. Desjobert, n'a eu, jusqu'à ce jour, que la faible tâche de nourrir une population clair-semée. Elle est en tout semblable au midi de l'Espagne : on se rirait de celui qui viendrait affirmer que l'Andalousie ne peut rien produire. Le sol ne présente pas au colon les difficultés de défrichement que l'on trouve en Amérique. La charrue peut y être appliquée sans autre préparation, et à la fin de l'année, l'agriculteur entendu sera largement récompensé de ses travaux. Il ne suffit pas de gratter légèrement la terre comme on l'a répété trop souvent ; il faut la cultiver avec soin, et modifier nos méthodes de France, selon le climat et la nature des terrains (1).

(1) Il existe à Alger un Recueil mensuel indicatif des travaux agricoles à exécuter dans chaque mois de l'année. Nous ne nous rappelons pas le nom de l'auteur.

3

Si quelques circonstances ont pu jeter de la défaveur sur les récoltes à obtenir en Afrique, l'ignorance de nos premiers colons en est la cause. Ils venaient, pour y cultiver la canne à sucre, l'indigo, le café et toutes les plantes intertropicales : s'ils avaient consulté la flore du pays avant de commencer leurs essais, ils s'en seraient abstenus. Le sol africain offre au véritable agriculteur des richesses incalculables ; l'olivier qui y acquiert une taille inconnue en France, le mûrier qui étale un luxe de végétation incomparable, des prairies immenses pour l'élève des bestiaux, enfin un terroir qui reproduit au 20 et 25 pour 1 les céréales qu'on lui confie avec sagacité.

M. Blanqui remarque, avec raison, l'absence presque totale du bois en Algérie. Il ne faut pas en conclure que le pays n'en peut pas produire ; mais il faut en accuser les Arabes qui le détruisent en le coupant de manière qu'il ne repousse plus, ou en l'enveloppant malgré eux dans les mers de feu qu'ils allument chaque année, pour brûler les herbes que leurs bestiaux n'ont pu consommer, et qui, séchées sur le sol, empêcheraient la végétation de l'année suivante.

Les pays de montagnes, où ces incendies ne peuvent s'étendre, ont conservé du bois. Mais, d'autres causes de destruction le feront bientôt disparaître, ce sont les coupes exagérées que font nos soldats, sans avoir égard à la saison où elles doivent se pratiquer pour la pousse des rejetons. Les environs de nos camps sont rapidement dépouillés de leurs ceintures d'ombrage ; les corvées de bois deviennent pénibles et dangereuses pour nos troupes ; et cependant le gouvernement militaire, dans son imprévoyance, ou peut-être *son manque de foi* en l'avenir du pays, ne fait rien pour s'y ménager des ressources.

L'eau manque aussi ; mais nous n'attribuons la sécheresse générale du sol qu'à l'absence des forêts. Dans les montagnes où il y a des arbres, de nombreuses et abondantes sources jaillissent de toutes parts. Il serait facile, avec le temps, de boiser les campagnes, non-seulement avec des essences de haute futaie, mais avec des arbres fruitiers ; leur ombre salutaire maintiendrait la terre dans un état de fraîcheur continuelle, et empêcherait la trop rapide évaporation des eaux. Peut-être en mul-

tipliant les forêts dans notre colonie , pourrons-nous ramener
à l'état de rivières , des ruisseaux desséchés. L'Amérique doit
les masses imposantes d'eau que roulent ses fleuves , aux immenses forêts primitives qui couvrent son sol. Les fleuves de
la France et de l'Europe n'ont perdu de leurs eaux, que par le
défrichement des forêts qui assombrissaient autrefois les Gaules
et la Germanie. Il tombe en Afrique une plus grande quantité
d'eau qu'en France. Ainsi, nul doute qu'en prévenant la puissante absorption d'un soleil brûlant , on ne rétablît sinon des
fleuves, du moins des ruisseaux et une foule de sources taries.

Les Arabes , peuples pasteurs , ont besoin , pour une rare
population, d'une grande étendue de terrain ; leur œuvre est de
détruire , laissant à la nature le soin de créer. Ils ne labourent
la terre que pour leurs besoins , par conséquent le moins possible : ils sont loin d'en tirer tout le parti que nous pouvons en
attendre. Dans nos courses , nous avons cherché à évaluer
approximativement la surface des terrains ensemencés ; nous
n'avons jamais pu dépasser, dans cette évaluation, la moyenne
de 25 à 30 hectares par lieue carrée. Cette observation con-
firme l'exactitude de notre chiffre de population.

Jamais les indigènes , malgré le profit incontestable qu'ils
retireraient de la vente de leur blé, n'ont pu compléter notre
approvisionnement ; presque tout celui qui se consomme par
l'armée et les habitans civils , vient de France et de Russie. Si
les Arabes avaient des bras pour travailler , il est hors de doute
qu'ils eussent angmenté cette production , comme ils l'ont
fait de celle des bestiaux. Autrefois, ils faisaient peu d'élèves :
aussi dans le commencement de l'occupation d'Alger, avons-
nous eu la crainte de manquer de viande ; mais depuis , cette
crainte s'est évanouie. Les Arabes voyant dans ce commerce
une somme annuelle d'environ 6 à 7 millions à recevoir, ont
favorisé la multiplication des espèces bovines et ovines. Ils ont
pu , sans augmentation de travail , se créer cette ressource
immense et très-onéreuse pour nous ; car , les capitaux qui
tombent entre leurs mains, ne reparaissent plus , si ce n'est
quelques faibles sommes qu'ils sont obligés de nous rendre pour
se procurer des denrées coloniales , du fer et quelques tissus.

Un Gouvernement colonial qui aurait eu la moindre intelligence des intérêts du pays, aurait cherché à favoriser dans nos fermes l'élève des bestiaux, afin que nos capitaux n'allassent pas s'enfouir (*à la lettre*) chez nos ennemis : la prévoyance du Gouvernement militaire ne s'est jamais élevée jusque-là ; il a toujours compté, sans autre pensée, sur les arrivages de France et de l'intérieur.

On le voit, l'agriculture a de belles chances ; mais il faut des *cultivateurs :* sans cela point de produits du sol, et sans produits du sol, pas de commerce possible.

COMMERCE. — Cette branche de prospérité pour une nation quelconque, est nulle en Algérie. Les peuplades de l'intérieur de l'Afrique ne se détourneront jamais des voies du Sénégal et de l'Égypte. Nous n'avons pas de fleuves ; cette absence de navigation intérieure serait, sans doute, un obstacle sérieux à notre projet de colonisation, si M. Ernest Béquet n'avait clairement démontré (1) que notre conquête ayant beaucoup de longueur sur peu de largeur, pouvait se passer de navigation intérieure, au moyen du cabotage sur les côtes. Plus tard, quand la prospérité du pays le permettra, on relierait les points de l'intérieur à la voie méditerranéenne par des chemins de fer ; on pourra même se passer de machines locomotives, en employant les chevaux barbes, dont le bas prix et la sobriété rendent l'emploi économique.

Ici trouvent leur place trois tableaux résumant le mouvement commercial de la province de Bone et Constantine, pendant l'année 1838. Ces documens nous ont été fournis par l'Administration de la douane, à Bone.

(1) Voir la *Revue de Paris,* du 26 août 1838.

ÉTAT

Des importations, soit de France, soit de l'Étranger, dans la province de Bone, en 1838.

DÉSIGNATION DES MARCHANDISES.	VALEURS.	
	fr	c
Animaux vivans........................	91,187	»
Produits et dépouilles d'animaux.........	133,005	»
Pêche................................	29,130	»
Substances propres à la Médecine et à la Parfumerie.........................	335	»
Matières dures à tailler................	1,100	»
Farineux alimentaires.................	1,583,333	»
Fruits................................	98,930	»
Denrées coloniales....................	207,953	»
Sucs végétaux........................	94,177	»
Espèces médicinales...................	8,037	»
Bois communs........................	215,936	»
Bois exotiques.......................	6,415	»
Fruits, tiges et filamens à ouvrer........	591	»
Fénitures et Fannins.................	1,758	»
Produits et déchets divers.............	330,203	»
Pierres, terres et autres fossiles..........	264,465	»
Métaux..............................	35,004	»
Produits chimiques...................	83,455	»
Peintures préparées...................	16,329	»
Couleurs.............................	7,509	»
Compositions diverses.................	501,265	»
Boissons.............................	1,598,649	»
Vitrifications........................	86,576	»
Fils.................................	12,555	»
Tissus...............................	774,791	50
Papiers et ses applications.............	68,422	»
Ouvrages en matières diverses..........	874,583	»
TOTAL.............	7,125,693	50

ÉTAT

Des exportations de l'intérieur de la Colonie, réunies à celles des marchandises sortant de l'entrepôt, effectuées par la douane de Bone, en 1838.

DÉSIGNATION DES MARCHANDISES.	VALEURS.	
	fr	c
Animaux vivans..........................	17,337	»
Produits et dépouilles d'animaux.........	356,613	»
Pêche du corail......................	1,339,850	»
Substances propres à la Médecine........	25,275	»
Matières dures à tailler................	4,990	»
Farineux alimentaire...................	1,300	»
Fruits..............................	445	»
Denrées coloniales de consommation......	3,480	»
Sucs végétaux........................	5,360	»
Bois communs........................	5,626	»
Fruits, tiges et filamens à ouvrer.........	95	»
Produits et déchets divers..............	1,601	»
Pierres, terres et autres fossiles........	1,000	»
Métaux.............................	7,950	»
Produits chimiques....................	410	»
Compositions diverses.................	300	»
Boissons............................	100	»
Vitrifications........................	80	»
Tissus..............................	25,900	»
Papiers et applications................	300	»
Ouvrages et matières diverses..........	62,007	»
TOTAUX.............	1,860,019	»

ÉTAT

Du commerce effectué par les Arabes de la côte pour le port de Bone, pendant l'année 1838.

IMPORTATIONS.		EXPORTATIONS.	
Bêtes de somme...	40 »	Sel marin.........	2,610 »
Blé.............	2,535 »	Fer en barre......	250 »
Orge............	2,900 »	Fer ouvré........	540 »
Beurre..........	200 »	Tissus de laine....	7,354 »
Huile...........	4,190 »	A dénommer......	4,690 »
Peaux...........	5,310 »		
Pelleterie.......	240 »		
Volailles........	2,286 »	Total......	15,444 »
OEufs..........	680 »		
Fruits..........	1,710 »		
Légumes........	1,320 »		
Miel...........	130 »		
Cire..........	6,172 »		
Poterie grossière...	93 »		
Tabac en feuilles...	6,315 »		
Bois à brûler......	935 »		
A dénommer......	2,200 »		
Total......	37,256 »		

Qu'on examine avec attention les tableaux ci-dessus : le premier donne le chiffre total des importations de France et de l'Étranger dans la province de Bone et Constantine. Il est évident que les objets importés ne sont pas à l'usage des Arabes, si ce n'est cependant quelques denrées coloniales, des fers et quelques tissus de coton. Ce commerce d'importation est dû à la seule consommation des colons et de l'armée.

Le second tableau donne le chiffre des produits exportés de cette province. Ce chiffre se réduirait à moins de 500,000 fr., si on en déduisait celui de la pêche du corail et de la réexportation des marchandises qui, n'ayant pas trouvé d'acheteurs, ont été portées sur d'autres points.

Le troisième tableau donne le chiffre insignifiant du cabotage sur la côte.

De ces documens pris dans la province de Bone et Constantine, on pourra aisément conclure le mouvement commercial de toute la Régence, et on s'assurera que nos échanges avec les indigènes se réduisent à presque rien : ils nous fournissent pour six millions de bestiaux et à peine deux millions de cire, huile, cuirs, etc.

Il n'y a nul espoir de voir le commerce d'échanges prendre de l'extension, à cause de la rareté de leur population : ce qu'il y a de plus clair dans nos relations avec eux, c'est qu'ils échangent contre notre numéraire qui disparaît de la circulation, les herbes qu'ils brûlaient autrefois, et qui maintenant sont mangées, en plus grande quantité, par les bestiaux dont ils ont multiplié le nombre.

En vain objecterait-on que l'antipathie des Arabes pour les Chrétiens les empêche de venir acheter nos produits ; jamais peuple ennemi n'a été traité avec plus de bienveillance par ses conquérans. Partout ils .ont été admis sans contrôle parmi nous, et, nous l'affirmons, ils ont usé largement de la permission, au point que c'est toujours sur nos marchés qu'ont été arrêtés les malfaiteurs que nous avons livrés à notre justice.

Chez les Arabes, l'avarice domine le *fanatisme;* malgré les rigueurs d'Abd-el-Kader, pour se réserver le monopole de nos fournitures, jamais ils n'ont obtempéré à ses ordres ; aussitôt qu'il avait quitté le lieu où sa présence empêchait les arrivages, les denrées abondaient sur nos marchés. Nous avions ainsi un indice certain de sa présence dans les environs d'Alger ou d'Oran.

Il nous semble avoir suffisamment démontré l'impuissance d'Abd-el-Kader et des Arabes.

Colonisation. — Jetons maintenant un coup-d'œil rapide sur ce que l'on nomme à Alger la *colonisation.* Elle se divise en deux catégories : 1° celle par le Gouvernement ; 2° celle par les colons.

En 1832, M. le duc de Rovigo , sous l'inspiration d'idées progressives, eut la pensée de créer deux villages et d'y attirer des habitans. L'exécution de ce projet fut immédiate; mais l'intervention de l'arme du génie paralysa cette création utile. On rechercha des positions militaires , et les villages manquèrent des ressources indispensables à tout établissement naissant , le bois et l'eau. En peu de temps, ils tombèrent dans la plus affreuse détresse. Chacune des maisons du village de Delhi-Ibrahim devint un lieu de prostitution. Lorsque, pour lui rendre un peu de vie , on y fit passer la route de Douera , les maisons se changèrent en tavernes ; mais du moins une partie de ses habitans fut employée aux travaux des ponts et chaussées. Le deuxième village , celui de Kouba, n'a point prospéré. Veut-on connaître le développement de la colonisation par le Gouvernement depuis 1832 , lisons le fragment suivant du Compte-rendu d'une excursion faite, en août 1839, dans la plaine de la Mitidja , par M. L. de L.....

« Il me serait impossible de pouvoir dépeindre la misère
» épouvantable que j'ai rencontrée à *Bensamen,* lieu de mort
» et de deuil , où les sanglots retentissent de toutes parts , où
» les larmes jaillissent de tous les yeux. A mon arrivée, j'ai
» trouvé une espèce de camp en plein air dans la cour de cette
» maison , dans laquelle, sans discernement , on a entassé avec
» cruauté , hommes , femmes et enfans, tous malades et mou-
» rant de faim et de désespoir.

» Cependant , ils se disent colons du Gouvernement ; ce qui
» est d'autant plus extraordinaire, qu'ils ne reçoivent rien
» pour leur subsistance et pour arrêter les progrès des mala-
» dies qui les tuent. Si, en effet, ils ont des terres , à quoi
» peuvent-elles leur servir dans ce moment, puisqu'ils ne peu-
» vent en tirer aucun parti , n'ayant pas de force pour les cul-
» tiver et des graines pour les ensemencer ? Et encore devront-
» ils attendre un an pour en jouir, ce qui est impossible dans
» leur position. *Du pain :* voilà ce qu'il leur faut dès aujour-
» d'hui. Il n'est pas douteux que , si on ne se hâte de venir à
» leur secours, ces malheureux mourront un à un, et bientôt
» Bensamen ne sera plus qu'une tombe.

» De braves officiers du camp de l'Arbah leur envoyaient

»de leur nécessaire ; mais, que peut l'humanité de trois braves
»pour trente-quatre personnes affamées ? C'est horrible d'y
»penser.

»Tandis que j'écrivais, une pauvre mère dont le mari était
»décédé la veille, vint me présenter *son petit enfant mort ;* elle
»en tenait un autre malade, et elle poussait des cris à fendre
»les cœurs. Tout le monde pleurait ; nous ne pouvions nous-
»même que mêler nos larmes aux leurs, et cependant j'ai
»promis de parler à **M.** le Gouverneur-général et à **M.** le Direc-
»teur de l'intérieur, dont l'humanité est connue de chacun de
»nous. Je suis persuadé qu'ils ignorent ces infortunes vraiment
»inouïes.

»A mon départ, une femme embrassait mon cheval et ne
»voulait pas me laisser partir, sans que je lui achetasse la
»montre de son mari, sa dernière ressource, pour avoir du
»pain. Je ne le pouvais plus ; mais je lui ai laissé l'espoir.

»Les hommes avaient plus de courage. »

Telle est la condition des colons du Gouvernement, et
cependant, avant les événemens derniers, on s'occupait encore avec activité de former des établissemens semblables,
auxquels on aurait donné le nom de *village ;* on aurait rendu
compte pompeusement dans le Moniteur algérien de *ces progrès.*
Plusieurs malheureux Européens, attirés par ces leurres dorés,
auraient vendu le peu qu'ils ont, pour venir habiter les établissemens de l'État ; mais, au lieu des adoucissemens qu'ils
cherchent à leurs infortunes, ils n'y auraient trouvé que le
désespoir et la mort.

Il n'est pas hors de propos de signaler ici une anomalie qui
nous paraît inconcevable. D'après les rapports officiels, on
pourrait croire qu'il y a à Alger un comité d'agronomes, occupé essentiellement de la colonisation, ainsi que de pourvoir
aux besoins des colons du Gouvernement, soit en moyens d'exis-
tance, soit en moyens de travail : erreur ! C'est le *Directeur
des finances* qui est le grand *colonisateur ;* c'est chez lui que vont
s'adresser les émigrans de France et d'autres pays, et c'est après
six, huit mois et même un an d'attente sur le pavé d'Alger,
où ils épuisent leurs ressources particulières, qu'ils obtiennent
enfin *la grâce* d'aller trépasser dans les fermes domaniales.

Le Directeur de l'intérieur ignore complétement tout cela ; on ne lui en rend pas compte : cela doit être ainsi, d'après la nouvelle organisation adoptée par M. le maréchal Valée.

Après bien des hésitations, le cadastre vient d'être organisé à Alger. Chacun pensait que l'on avait enfin pour but de cadastrer la banlieue, à partir des portes de la ville et successivement la plaine et le pays, au fur et à mesure que nos avant-postes s'éloigneraient de la côte ; chacun disait : On va, enfin, définir la propriété pour la constituer régulièrement, et préparer le travail qui servira à répartir l'assiette de l'impôt, lorsque la prospérité de la colonie permettra qu'on en arrive à ce résultat ; erreur encore ! Le cadastre est employé à diriger l'œuvre de la colonisation gouvernementale.

Cependant les géomètres, s'occupant avec activité de leur véritable tâche, auraient fait connaître les progrès de la culture, auraient mis le Gouvernement à même de savoir exactement tout le dommage causé à la colonie par les agioteurs de terres, qui les détiennent sans culture, pour les revendre avec un énorme *pot-de-vin*. Au moyen des travaux du cadastre, on aurait pu imposer les terres laissées incultes, afin de forcer leurs détenteurs à se défaire de biens qui leur deviendraient onéreux ; alors, les 50 ou 60 lieues carrées de terrain autour d'Alger, que nous parcourions presque en toute sécurité, auraient pu devenir une grande ressource pour la colonie, et les colons, au lieu de consommer dans une vaine attente leurs ressources, auraient pu s'accommoder, à bas prix, de quelques arpens de terrain, et acquérir par le travail le bien-être qu'ils s'attendaient à trouver en Afrique. Rien de tout cela ne devait arriver ; de plus hautes conceptions occupaient la pensée de M. le maréchal Valée, comme nous le verrons par la suite.

Examinons actuellement si la colonisation par les colons a mieux réussi. Plusieurs Compagnies s'étaient formées en France, dans le but d'exploiter en grand les terres qu'elles achèteraient. Elles envoyèrent des agens avec des pleins pouvoirs. On vit alors se renouveler les extravagances qui avaient signalé la colonisation des rives du Mississipi, et, plus tard, celle du pays du Guazacoalco. C'était une aveugle fureur d'achats ; on n'y regardait pas seulement, on ne marchandait

pas , c'était à qui possèderait. Les Arabes ont souvent ri ,
dans leur barbe , de cette démence qui poussait nos colons
à faire des acquisitions qui ne leur offraient qu'un espoir
éloigné de possession réelle , et dont cependant ils payaient
les rentes dès le jour du marché. Souvent la même propriété
fut vendue , sous divers noms , à plusieurs acquéreurs diffé-
rens. Plus souvent encore , un jardin d'un arpent était vendu
comme en contenant plusieurs centaines.

Vinrent ensuite les déceptions. Quelques agens de ces Compagnies dilapidèrent les fonds qui leur étaient confiés ; puis il
fallut, chaque année, payer des rentes pour des propriétés qu'on
ne connaissait pas même de vue. Alors s'élevèrent les plaintes
qui ont retenti si haut en France , et surtout aux oreilles de
MM. Passy et Desjobert.

Après ces Compagnies vinrent enfin quelques colons utiles ;
le nombre en est petit , on peut les citer nominativement : ce
sont MM. de Tonnac , Urtis , Chopin , de St-Guilhem , Montaigu , Clovel et Descroisilles , Vialar et de Franclieu. L'extrait
suivant fera parfaitement connaître leurs travaux, malheureusement en partie détruits, par suite des événemens arrivés dans
la plaine de la Mitidja.

Excursion *dans la plaine de la Mitidja , en août* 1839 ,
par M. L. de L.....

(Extrait du Toulonnais , du 1er au 4 septembre 1839.)

Alger, le 25 août 1839.

« En entrant dans la tribu des Aribs , au-dessus de la
»Maison-Carrée, on rencontre, sur la route du camp de Fon-
»douc, une maison servant d'auberge. Ses quatre habitans
»jouissent d'une parfaite tranquillité et d'un sort prospère.
»Toutefois, ils ont demandé quelques cartouches , qu'on s'em-
»pressera, *sans doute ,* de leur envoyer.

»Plus loin, sur la même route et dans la même tribu s'élè-
»vent des baraques en bois , appartenant à l'Administration
»des ponts et chaussées. Ces baraques sont en planches et
»d'une vaste étendue; elles sont très-bien distribuées , et 40
»hommes pourraient s'y loger à l'aise. Il y règne une grande
»propreté, et les courans-d'air y sont ménagés d'une manière

»bien entendue; cependant, la maladie vient en visiter les
»habitans, qui aujourd'hui ne sont plus que 13, sur lesquels
»un de malade, lors de mon passage. Ils demandent six fusils
»et des cartouches. On aperçoit de là les tentes des Aribs,
»placées au milieu d'un pays charmant.

»A gauche et à trois quarts de lieue de la route de Fon-
»douc, on voit une jolie maison mauresque; elle dépend du
»domaine de la Rassauta. Ses habitans se composent d'Arabes-
»Spahis qui y ont établi un poste; l'étage supérieur est consacré
»au logement de l'officier.

»En suivant la route du Fondouc, on arrive à un vaste
»carré en planches disposé en chambrées, dont la plupart ne
»sont point couvertes. On pourrait y abriter un grand nombre
»de chevaux; il sert d'auberge ou de magasin à fourrage, et
»appartient à un nommé André de Mustafa. C'est l'ancien
»emplacement du blockhaus de Sidi-Kalek, dont il ne reste
»qu'une petite redoute gardée par des Turcs. En face est un
»petit marabout.

»On ne possède dans ce carré en planches que deux fusils
»appartenant à la milice et en fort mauvais état. M. Sartois,
»qui habite ces baraques et qui occupe des ouvriers qui n'y
»logent que temporairement, aurait besoin de fusils et de car-
»touches. Il promet d'établir une place d'armes. Cet établisse-
»ment se trouve à l'entrée du territoire de *Krachna.*

»Plus haut, on rencontre des baraques en bois, qui parais-
»sent avoir été construites par les ponts et chaussées, pour
»la construction du pont *qui reste inachevé.* Je n'ai trouvé que
»des Turcs dans ces baraques, fort belles, du reste.

»*Camp et village de Fondouc.*—Cette localité, qui est pourvue
»d'une eau saumâtre, engendrait probablement des fièvres;
»car, j'ai rencontré un grand nombre de malades. Les envi-
»rons sont à peine cultivés; en revanche, il y a un nombre
»prodigieux de taverniers et de cafés, comparativement au
»reste des habitations, qui sont presque toutes militaires; on
»construit en pierre des casernes qui seront saines et bien
»situées.

»Il existe une redoute et un poste intermédiaire entre le
»Fondouc et Kara-Mustafa. Il n'y a qu'un corps-de-garde, et

»n'est habité que par des militaires. *Distance :* Une lieue du
»Fondouc, un quart en sus de Kara-Mustafa.

» *Kara-Mustafa.*—Ce camp sert d'avancée. Le poste se divise
»en deux parties : le camp proprement dit, et une redoute sur
»un mamelon plus élevé et un peu plus éloigné. Les environs
»sont horribles ; on ne voit que broussailles, un sol déchiré.
»L'eau y est plus potable qu'au Fondouc; cependant, j'y ai vu
»des malades. Quelques cantiniers qui appartiennent à la classe
»civile, sont établis sur ce point.

»M. de Tonnac possède une très-belle ferme sur le versant
»de l'Atlas, à environ trois lieues du Fondouc, et à un peu
»plus de l'*Arbah.* Cette ferme, qui date de 1834, est en toute
»vigueur d'exploitation; son avenir paraît des plus beaux.

»M. de Tonnac est le seul Européen de son domaine, ha-
»bité par 32 familles arabes qu'il dirige et qui lui obéissent en
»serviteurs dévoués. Le pays, quoique riche par sa végéta-
»tion, est trop près des montagnes pour être à l'abri des in-
»cursions des Kabaïles. Cependant, M. de Tonnac repousse
»leurs attaques avec ses seuls domestiques, qu'il a armés à ses
»frais. Mais, on tremble en songeant qu'une si noble existence
»peut être malheureusement brisée d'un moment à l'autre,
»par la trahison de l'un de ses gens, sur la bonne foi desquels
»on ne saurait se fier. Nous pensons qu'un poste militaire
»établi en ce lieu, serait d'un grand avantage pour la circu-
»lation et pour appeler dans ce pays fertile les colons qui
»n'ont pas le courage de M. de Tonnac, et qui n'osent pas
»l'imiter.

» L'*Arbah.*—Le camp militaire, situé à l'entrée de la gorge de
»ce nom, dans les montagnes du Petit-Atlas et dans les tribus
»de Beni-Moussa, est dans une position magnifique, et le
»terroir en est extrêmement fertile ; les eaux y sont bonnes,
»limpides et en grande quantité. Le pays abonde en légumes
»de toute espèce et en gibier ; on y trouve des arbres magni-
»fiques, et il s'y tient des marchés très-fréquentés. En dehors
»du camp, on remarque des cabanes de feuillage, ce que l'on
»nomme *le Village,* mais assez improprement, car il ne s'y
»trouve que deux familles civiles. Cependant, dans l'avenue
»du camp, on construit en pierres une boulangerie ; et pen-

»dant mon séjour, l'ordre est arrivé de **M.** le Gouverneur-
»général de commencer des constructions en planches, plus
»solides et plus saines que celles de feuillage. L'Arbah est
»dans le riche pays de Beni-Moussa, peuplades nombreuses
»et agricoles. On est vraiment réjoui en voyant de l'Arbah ces
»myriades de meules d'orge qui s'élèvent de tous côtés, et
»prouvent la fertilité du pays et le bien-être de ses habitans.
»Les fièvres y sont plus rares ; cependant j'y ai rencontré des
»malades. **MM.** les officiers ont construit un joli jardin.

» *Aissous.* — Très-belle propriété, sur laquelle **M.** Montaigu
»fait bâtir dans ce moment, afin d'y loger des colons qui vien-
»dront l'habiter ces jours-ci. Elle est au milieu de Beni-Moussa,
»et se trouve excessivement fertile par ses eaux et son terroir de
»première qualité; cependant, elle est très-boisée, et passe dans
»le pays même pour servir de repaire aux malfaiteurs : cela
»n'est pas étonnant, il y a tant de sentiers pour arriver à la ferme,
»que vraiment on peut ajouter foi à la version des Arabes.

» *Beni-Ouarlous.* — Je ne sais pourquoi on a donné le nom de
»village, à une maison dans laquelle réside une famille picarde
»et deux autres individus. Il est vrai qu'il m'a été dit que des
»constructions allaient commencer pour des colons qui inces-
»samment habiteront ces lieux ; mais ils ne s'y rencontrèrent
»pas lors de mon passage. Cette famille est heureuse et paraît
»contente. Le pays est beau ; d'ailleurs l'habitation est sur la
»route de l'Arbah : on y vend du vin.

» *Kadel.* — Cette ferme, appartenant à **M.** de St-Guilhem, est
»située à une lieue et demie de l'Arbah; elle est vraiment belle;
»on y parvient par une campagne riche et bien cultivée; un
»sentier bordé d'arbres séculaires, mène à la délicieuse habi-
»tion du maître, dont la construction toute européenne est due
»au génie de **M.** de St-Guilhem. Il a fait des pierres de taille
»avec des glaises séchées, qui paraissent prendre une consis-
»tance capable de résister aux intempéries des saisons ; il serait
»peut-être bon que le gouvernement adoptât pour nos cam-
»pagnes le même système de construction ; ce serait écono-
»mique, et les bâtimens seraient faciles à élever. Je ne crois
»pas que **M.** de St-Guilhem fasse bien d'employer des mili-
»taires pour ses jardins et labours; les colons de Bensamen

»ne sont pas très-éloignés de là, et, en augmentant le prix des
»journées, ces malheureux seraient bien aise de gagner ainsi
»leur vie, ce qu'une trop grande parcimonie leur empêche de
»faire. Le commandant envoie chaque soir un petit poste pour
»la garde de ce lieu, qui, du reste, est fort tranquille et char-
»mant. M. de St-Guilhem n'occupe qu'un colon avec sa femme.
»Il y a une fort belle orangerie autour de la maison.

» *Bou-Kandoura,* établissement Clovel et Descroisilles. — Cette
»ferme est grandiose ; deux cents chevaux et bestiaux pour-
»raient peut-être remplir les écuries magnifiques qui entourent
»la cour. Des plantations de toute beauté l'entourent, et les
»Arabes du douar voisin ont des champs aussi bien cultivés
»que dans les meilleurs jardins de France. Les melons, les
»pastèques, les maïs, enfin tous les légumes y croissent en
»abondance ; c'est le paradis de la plaine. Les habitans y sont
»sans doute hospitaliers ; ils nous arrêtèrent sur la route pour
»nous offrir des fruits rafraîchissans (mon escorte en profita).

» *Ben-Maïdi,* ferme de M. Boutin. — Ici tout a un aspect de
»désolation ; j'ai trouvé les habitans de cette ferme couchés dans
»un mauvais réduit, et le gérant malade. Ces hommes, forts
»et robustes, se plaignent beaucoup de maladies qui les assiè-
»gent ; ce qui n'est pas étonnant, si l'on considère le sol une
»lieue aux alentours ; il est fangeux et tellement marécageux,
»que, quoique desséché par un soleil brûlant, il offre tant d'as-
»pérités, suite des boues, que les chevaux ont peine à y mar-
»cher. Cette ferme n'offre d'autres avantages que la récolte des
»foins ; autrement je n'ai vu aucun défrichement, et je ne la
»crois pas habitable en hiver. Les colons demandent des fusils
»et des cartouches.

»Il existe une petite ferme sur un mamelon en entrant dans
»la plaine à trois quarts de lieues de la Maison-Carrée. Si
»quelquefois la misère n'apparaît pas hideuse, c'est lorsqu'on y
»rencontre le courage ; certes, les hommes qui habitent cette
»bicoque n'y jouissent pas d'un sort heureux, mais ils sont
»si résolus, s'entendent si bien, travaillent avec tant de persé-
»vérance un terrain ingrat, que je n'ai pu me défendre de les
»admirer : ce sont tous d'anciens militaires français et étran-
»gers. Ils demandent des fusils, parce que, disent-ils, les

»Hadjoutes poussent jusqu'à eux leurs reconnaissances ; ils se
»chargent de leur donner bonne chasse ; ils m'ont montré
»deux fusils bien entretenus.

 »Cette petite ferme appartenait à l'infortuné Villaret.

 »*Oulid Ada.* — Ferme de M. le maréchal Clausel, admira-
»blement située à un quart de lieue de la Maison-Carrée, d'où
»elle apparaît comme un joli pavillon. Une belle route y con-
»duit ; un labyrinthe, formé de castus, égare agréablement le
»voyageur qui veut y parvenir ; un coq surmonte un léger clo-
»cher qui donne à ce paysage enchanteur l'air d'un ermitage.
»Mais, passé le seuil de la porte, c'est le tableau le plus repous-
»sant que l'on puisse rendre ; une malpropreté répugnante fait
»détourner les regards, qui ne se reportent que sur des objets
»en lambeaux et dégoûtans. La guerre ou la peste a passé là
»sans doute ; ma voix est restée sans échos ; je n'ai trouvé per-
»sonne. Un petit pâtre m'a dit que les habitans avaient fui, pour-
»chassés par la misère ; cette jolie perspective et son pittoresque
»clocher ne doivent plus servir qu'à recevoir des corbeaux.

 »La ferme Choppin, *Ben Iouseph,* est, je crois, le plus grand
»établissement de la plaine ; il est du moins le plus magnifique.
»Si ses alentours ne sont pas couverts de jardins comme ceux
»de MM. de St-Guilhem, Montaigu, Descroisilles, etc., ils sont
»plus considérables pour la grande culture. C'est une véritable
»ferme de la Brie, mais une riche ferme avec ses bestiaux,
»ses charrues et tout ce qui se rapporte au grand labourage.
»quelques beaux arbres ombragent la propriété, qui se trouve
»peuplée de colons pleins de force, de santé, et jouissant de
»tous les avantages que procure le travail. On dit M. Choppin
»très-entendu dans le maniement des affaires d'établissement de
»ce genre ; on doit le croire, car ses terres sont dans le meilleur
»état de prospérité possible.

 »La ferme du baron Vialard est, comme je viens de le dire,
»la plus spacieuse et peut-être la mieux située pour les grandes
»opérations de culture. Arrosées par l'Arrach, ses terres doivent
»être très-productives, ses bestiaux doivent y trouver facilement
»des pâturages abondans et verts, et sa cour immense, ainsi que
»ses hangars et ses écuries, doivent servir à retirer les récoltes
»comme de retraites à ses troupeaux. Malheureusement M. le

»Baron n'apporte peut-être pas assez d'attention à ses propriétés
»des champs ; son immense bâtiment est triste et réclame un
»plus grand nombre d'habitans : on le dirait élevé plutôt pour
»le luxe que pour l'utilité , et il y a une grande différence
»pour l'entretien entre cette ferme et celle de **M.** Choppin. Si
»j'ai parlé de luxe, ce n'est, bien entendu, que par rapport
»aux pierres des maisons; car les pauvres colons qui s'y trouvent
»n'en jouissent pas : j'ai examiné leurs chambres, et leur lit est
»composé d'un peu de foin. Je ne puis entrer dans les affaires
»domestiques de **M.** Vialard ; mais , puisqu'il s'agit des remar-
»ques à faire dans la manière de gérer les campagnes et
»d'éviter les maladies aux pauvres ouvriers , je dirai que , les
»colons étant forcés d'y demeurer pendant la mauvaise saison,
»l'humanité réclame de **M.** le Baron la délivrance de quelques
»lits , où ils se trouveraient moins mal. »

Observations générales.

« Partout j'ai reçu les plaintes des colons, de ce qu'ils sont
»privés d'une autorité civile rapprochée d'eux pour les sur-
»veiller et les protéger. Ils demandent que des pouvoirs soient
»confiés aux officiers de la milice , qui , à défaut de maires, en
»rempliraient les fonctions.

»Une chose à remarquer, c'est la tranquillité dont jouissent
»les habitans de la plaine voisins des montagnes , tandis que
»ceux qui se trouvent plus près du massif, sont attaqués conti-
»nuellement par les Hadjoutes : c'est au point que pour m'as-
»surer de la possibilité de ces attaques, j'ai parcouru le lit de
»l'Arrach sur une très-longue distance , et j'ai acquis la certi-
»tude qu'en effet les Hadjoutes pouvaient profiter des basses
»eaux de cette rivière pour en suivre le lit; ses bords escar-
»pés les dérobent à tous les regards et les protègent même.
»En stratégie, je crois que si un poste était établi au coude
»que forme l'Arrach près de la maison Vialard et la ferme-
»modèle , nous aurions bien moins de malheurs à déplorer. »

L. DE **L.**

Remarquons , en passant , que les points faibles de la ligne
infranchissable de **M.** le Gouverneur, sont signalés même par
des personnes étrangères à l'art militaire ; tant il est vrai que ,

contre les Arabes, le bon sens est un guide plus sûr que toutes les règles, et qu'une simple muraille est une meilleure défense que nos redoutes et nos camps.

Tels étaient les progrès de la colonisation par les colons, avant que 1,500 cavaliers d'Abd-el-Kader fussent venus détruire leur œuvre et anéantir leurs ressources. On leur promet des indemnités; mais leur rendra-t-on tout ce qu'ils ont perdu? C'était de la sécurité qu'il leur fallait; on n'a pas su leur en donner.

Mœurs arabes.—L'assimilation des Arabes et des Européens n'est pas près de se faire. Dans tous les temps, chez tous les peuples conquis, on vit naître, en peu d'années, une race croisée de leur sang et de celui de leurs vainqueurs. A Alger, nous ne croyons pas qu'on cite, depuis dix ans, une seule naissance de métis arabe et européen. Les seules relations qui existent sont improductives (ce sont celles que l'on a avec les prostituées). Nous renvoyons au rapport de M. Blanqui, pour connaître la réception qui lui a été faite dans les tribus qu'il a visitées. Dans les villes, quel est l'Européen qui peut se flatter d'avoir été admis familièrement chez un Maure? On se voit sur la place, dans les boutiques, au café, mais pas ailleurs. Il ne faut donc pas se bercer de l'espoir d'un rapprochement prochain entre nous et les indigènes.

Ce que nous avons remarqué de plus saillant dans le caractère des Arabes, c'est un besoin excessif de liberté, non de *liberté politique*, cette chimère de notre époque, mais de cette indépendance absolue, qui fait que toute autorité leur est à charge et qu'ils sont sans cesse en révolte contre ceux qui tentent de s'en saisir. C'est cette soif ardente de liberté qui leur rend la vie nomade si chère; ils ne cultivent la terre qu'en raison de leurs besoins personnels; toujours prêts à fuir au moindre indice de la présence d'un ennemi puissant, ils disparaissent comme par enchantement, emmenant avec eux leurs troupeaux, auxquels ils savent, pour ainsi dire, faire partager leur pensée (1).

(1) Tout le monde se rappelle l'enlèvement du troupeau de Bougie : 500 bœufs disparurent avec la rapidité de l'éclair; la cavalerie ne put même les atteindre.

C'est ce même amour indomptable de la liberté absolue, qui a poussé les **Kabaïles** dans les montagnes, où il est dangereux, souvent impossible, de les poursuivre, et où les Turcs n'ont jamais pu les atteindre.

L'Arabe appartient à une race fière; c'est l'homme dans sa dignité primitive; c'est le descendant d'Ismaël, le fils d'Abraham. Il mène encore la vie patriarcale, sans autre variante que l'adoption des armes à feu; c'est la tradition vivante de la Bible; ce sont les mêmes mœurs.

N'espérons donc pas détruire si facilement la rouille de cinquante siècles.

Nos plus grands ennemis en Afrique ne sont pas les indigènes, mais bien les utopistes rêveurs, occupés sans cesse à rechercher les moyens de fusion entre les Chrétiens et les Arabes. Ils élaborent dans leur cerveau des théories creuses, en déduisent des conséquences imaginaires; tout leur apparaît évident, excepté la réalité. Ils voient chez les indigènes, une nationalité s'élevant formidable contre nous, sans réfléchir qu'elle est rendue impossible par l'impatience que ces peuplades ont à supporter le moindre joug. Ils voient Abd-el-Kader tenant la bannière de cette nationalité, tandis que cet émir prétendu n'est qu'un chef de horde plus facile à renverser qu'on ne le pense. Il ne se soutient que par l'ascendant que les Arabes lui supposent sur nous; opposons-lui un blocus régulier, supprimons nos envois de poudre, d'armes et de plomb, et avant une année il sera frappé par ses propres soldats.

Le Gouvernement Turc n'était qu'une simple exploitation par la force, basée sur l'absence absolue de nationalité chez les peuplades qu'il dominait. La preuve de cette assertion est dans le petit nombre des oppresseurs de l'Algérie (6,000 Turcs environ).

CAPITULATION DE 1830. — Abordons actuellement un point délicat, celui de la propriété garantie aux indigènes par la capitulation de 1830, qu'on ne saurait, sans injustice, reprocher à M. de Bourmont : on ne savait à cette époque ce qu'on ferait d'Alger; on pensait même qu'on détruirait ce nid de pirates, après en avoir emporté tout ce qu'il y avait de bon.

D'un autre côté, le Dey exaspéré, et craignant moins la mort que la profanation de son harem et des mosquées, paraissait décidé à s'ensevelir sous les ruines de la ville, en mettant le feu aux poudres de la Casbah. On fut donc presque forcé de capituler, afin de n'être pas déçu dans l'espoir de payer les frais de la guerre, par la prise de possession du trésor de l'État. Mais il ne s'agit point ici de revenir sur le passé, c'est du présent qu'il faut s'occuper.

De tout temps un traité a engagé également *les contractans :* ou les indigènes ont accepté, par l'organe de leur chef, avant qu'il fût déchu de ses pouvoirs, la capitulation de 1830 ; ou, méconnaissant ses pouvoirs, ils n'y ont point adhéré.

Dans le premier cas, ils l'ont rompue par la guerre, et dans le second, elle est non avenue ; conséquemment, nous sommes maîtres d'agir selon notre volonté. A notre avis, il n'y a que les habitans de la ville d'Alger, qui ont droit aux bénéfices du traité ; l'État doit s'emparer de tous les biens qui ne leur appartiennent pas. L'impôt du hoker, loyer des terres, n'est-il pas une preuve que les Arabes ne sont que les tenanciers du Beylick, et que l'État qui touche ce hoker est le propriétaire du territoire ? C'est ainsi que nous trancherions ce nœud.

Quant aux immeubles actuellement loués à rentes perpétuelles par des Européens, il serait facile de leur en assurer la possession par une disposition assez simple. Exposons d'abord brièvement l'état de la propriété à Alger ; elle se divise en trois catégories :

1° Les biens *melk,* ou *libres ;*

2° Les biens *habous,* ou substitués ;

3° Les biens grevés d'un *ana,* ou rente.

Les biens *melk* ne sauraient faire naître aucune difficulté. Les transactions dont ils ont été l'objet entre les vendeurs et les acheteurs, doivent être maintenues selon les conditions du contrat passé, et aussi long-temps que les intéressés y trouveront leur avantage.

Les biens *habous* ou *substitués* étaient dans l'origine *melk* ou libres ; mais, comme il arrivait souvent que le Gouvernement Turc faisait mettre arbitrairement à mort leurs propriétaires pour s'en emparer, ceux-ci, pour les soustraire à la cupidité des chefs de l'État, et en garantir la possession à leurs familles, les substituaient à l'extinction de leurs descendans, *à quelque corporation religieuse* (1), *aux mosquées*, etc., ou enfin, aux établissemens d'utilité publique, tels que les *fontaines*, etc. Le despote n'avait plus aucun intérêt à faire mourir des familles entières, pour s'emparer de leurs biens, puisque alors ces biens revenaient à des établissemens religieux ; et tel est l'empire de l'islamisme, que les Deys respectaient ces substitutions.

Les biens grevés d'un *ana* ou rente sont des immeubles ayant appartenu à des familles éteintes, et devenus, en vertu du *habous*, la propriété, soit de *la Mèque médine*, soit des *mosquées* ou d'*autres corporations*. Souvent il arrivait que ces biens tombant en ruine n'étaient d'aucun rapport ; alors, au lieu de les réparer, ce qui en aurait compliqué l'administration, on préférait les vendre. Le Midjèles (tribunal composé des Cadis et des Muftis) se rassemblait et les adjugeait, moyennant une rente perpétuelle appelée *ana*, à quiconque prenait l'engagement de les rebâtir et de les remettre en valeur. L'*ana* se payait à la corporation à laquelle appartenait le bien. Ces immeubles continuaient à être sous la protection de la religion.

Un grand nombre de *coutumes* régissaient encore la propriété ; elles étaient plus ou moins suivies.

Pense-t-on que la capitulation de 1830 nous oblige à tolérer, en présence de nos lois, une autorité (la législation musulmane dérivée du Koran) indépendante, et la plupart du temps en opposition flagrante avec nos intérêts. Assurément, la marche parallèle de ces deux législations est bien propre à entretenir la barrière qui sépare les deux peuples.

Nous nous sommes engagés à garantir leurs propriétés aux indigènes qui se soumettraient, et à *respecter leur religion*, rien de mieux ; mais, quant à ce dernier point, nous n'avons pu entendre que ce qui regarde la partie *dogmatique* et *cérémonielle* du culte musulman, et, en aucune façon, la gestion

---

(1) Ces corporations sont nombreuses, ce sont : *la Mèque et Médine*, *les Andaloux*, *les Imans des mosquées*, *les Muezzins*, crieurs des mosquées, etc., etc.

temporelle qui lui est attribuée. Il faut absolument, pour rétablir l'ordre, que le vaincu se résigne à vivre sous nos lois ou à se retirer.

M. Blanqui voit des tempêtes dans le mot *habous :* nous n'en voyons aucune ; mais, nous le répétons, il faut que le fisc soit écarté de la question. Il faut que l'État qui se substituera sans doute aux corporations, renonce aux prétentions qu'il pourrait avoir sur les biens *habous* dont les propriétaires maures ne sont pas éteints. Cela serait juste ; car, les persécutions turques ayant cessé, ces biens n'ont plus besoin de la protection de l'islam, et la France ne peut vendre sa protection contre un danger qui n'existe plus.

Il faut donc qu'une loi anéantisse les substitutions, et autorise, sur la demande d'une des parties intéressées, le remboursement capitalisé au 10 pour % des rentes payées actuellement aux Maures pour les propriétés *habous*. Il faut que l'État reçoive, également capitalisé au 10 pour %, le remboursement de l'*ana* et des immeubles qu'il a vendus à rentes perpétuelles depuis la conquête.

Ces ventes, à des conditions qui deviennent intolérables pour les acheteurs (1), font que les moindres magasins se louent 1,500 à 1,800 fr. dans les rues Babazonn, Babeloued et de la Marine, et plus de 2,000 fr. sur la place du Gouvernement. Les agioteurs de maisons ont imité l'administration : de là, de nombreuses faillites ; de là, la cherté extrême des objets de première nécessité. N'y aurait-il pas profit pour la colonie, si,

---

(1) La direction des finances a, pour principe, de vendre en rentes perpétuelles à l'enchère et au plus offrant, les terrains de la ville et de la banlieue, appartenant à l'État. Ce mode, qui dérive des usages administratifs de France, est devenu un véritable fléau pour la colonie. La vente en *rentes annuelles* et *perpétuelles* est un leurre où se prennent les colons ; car, la facilité de ne pas débourser un capital considérable, les conduit à passer, sans réflexion, sur les conditions qu'on leur impose. Ainsi, un terrain d'environ 125 toises carrées coûte à M. de la Tour-du-Pin, 15,000 fr. de rentes, c'est-à-dire, plus de 2,000 fr. la toise carrée. Toutes les autres ventes des domaines sont presque aussi onéreuses pour les acquéreurs.

laissant là le mode de vente, à rentes et à l'enchère, on évaluait à un prix modéré les terrains du domaine, et qu'on les adjugeât à celui qui, par soumission cachetée, tout en prouvant sa solvabilité, s'engagerait à y construire le plus bel édifice, ou l'établissement le plus utile?

Quelles impositions mettrez-vous par la suite sur la maison de M. de la Tour-du-Pin, dont la construction a coûté 500,000 fr., et qui en outre est grevée, au profit de l'État, d'une rente de 15,000 fr.? C'est à peine si, en la louant fort cher, il peut réaliser les 40,000 fr. de rente qu'elle lui coûte.

Certainement si un Gouvernement intelligent eût présidé aux destins de la colonie, le Ministère n'aurait pas continué un mode de gestion si onéreux à un état naissant.

Le Gouvernement militaire, tout occupé de conquête, de gloire, et nous ne savons de quelle autre idée stérile, a laissé marcher le fisc, et nous a amené à un état qui peut être difficile à modifier.

Nous pensons qu'il faut encore trancher ce nœud, et ne point s'attacher à décalquer, de prime-abord, sur un pays neuf et où tout est à organiser, une législation faite pour la France; il faut surtout que l'action dévorante du fisc soit écartée avec soin : ce n'est point en épuisant les sources de la vie d'un peuple naissant, qu'on le fera grandir et prospérer. Nos financiers pensent-ils qu'une colonie soit une *ferme* dont l'État doive retirer le tant pour cent? Une colonie est un débouché pour le trop-plein de sa population, un moyen de procurer du bien-être aux hommes que la misère pousse trop souvent dans des complots. L'Algérie promet dans l'avenir, à la mère-patrie, des huiles, des soies, des laines, que l'étranger nous fournit à grands frais. Elle promet encore une bonne solution au problème d'une loi sur les céréales, et enfin elle nous assure la prépondérance sur une mer étreinte par deux peuples frères dont les intérêts ne seront jamais séparés.

Ce que nous venons de dire sur la propriété et les moyens d'en assurer la possession définitive aux acquéreurs, n'est que le vœu général de la colonie.

Avant de clore ce chapitre, nous tenons à en présenter les conclusions ; ainsi :

1° Un pays fertile, montagneux, où les marais peuvent être facilement desséchés, ne peut être insalubre ; la culture fera disparaître peu à peu les causes des fièvres.

2° La population est trop rare pour nous opposer une résistance sérieuse, et trop éloignée de nos mœurs pour que nous ayons l'espoir d'en tirer un parti quelconque : nous pensons donc qu'il faut, dans l'œuvre de la colonisation, *négliger complétement l'élément arabe*. Il se rapprochera insensiblement de nous ; mais à la condition expresse que nous le laisserons entièrement hors de nos combinaisons, et que nous le protégerons contre ses ennemis. Souvenons-nous que les Arabes en sont encore aux temps bibliques, et que notre intervention directe dans leurs affaires ne pourra que les soulever : il faut donc expressément ne pas nous occuper d'eux, si ce n'est pour nous en garantir. Nous sommes certains que la génération qui s'élève a déjà moins d'aversion pour nous ; beaucoup d'enfans arabes parlent le français avec facilité. Le temps seul fera plus que tout le reste.

3° L'agriculture chez ces peuples est trop arriérée pour que nous puissions espérer de les y accoutumer davantage ; il ne faut pas compter sur eux.

4° Le commerce est presque nul, à part les fournitures de bestiaux qu'ils font à la colonie, et pour lesquels nous sommes à leur merci : on doit donc se hâter d'adopter un système donnant assez de protection à nos colons, pour qu'ils se livrent sans crainte à la production d'une ressource dont l'absence peut compromettre le sort de la conquête, et qui a fait disparaître de la circulation près de 50 millions en numéraire.

5° La colonisation a besoin d'un pouvoir qui s'en occupe plus que ne peut faire le chef de l'armée.

6° Enfin, il est urgent de constituer la propriété d'une manière définitive. Nous le pouvons ; tous les liens qui nous arrêtaient sont brisés par les Arabes eux-mêmes.

—

CHAPITRE II.

Examen rapide des actes des gouverneurs de l'Algérie , depuis 1830 jusqu'à nos jours. — Le gouvernement militaire est inhabile à faire prospérer la colonie. — Le gouvernement civil le remplacerait avec avantage, en s'occupant activement de l'œuvre de la colonisation. — Militaires congédiés retenus à Alger par des avantages.

Quelle que fût l'incertitude de M. de Bourmont , relativement au sort futur d'Alger, il posa néanmoins les premières bases d'une organisation, non dans le but d'arrêter quelque chose de définitif , mais seulement pour remplacer l'ordre qui venait d'être détruit violemment.

M. le maréchal Clausel lui succéda peu de temps après ; il vit rapidement tout le parti que pouvait tirer la France d'une aussi belle conquête, et s'occupa d'abord avec activité de son avenir. Mais, jamais ses idées ne reçurent le développement qu'il en attendait ; la raison en est simple : si son génie enfantait des projets grandioses , l'exécution était trop négligée. L'entourage qui le suivit de France, à cette époque, n'était pas propre à comprendre ses vues élevées et encore moins à les faire fructifier. Quoi qu'il en soit, M. le maréchal Clausel doit être regardé comme le fondateur de la colonie ; c'est lui qui a fait germer cet esprit vivace qui la soutient contre tous les échecs qu'elle a éprouvés. C'est son opinion favorable qui anime encore ce malheureux pays , malgré les malheurs dont il est accablé. S'il n'a pas fait matériellement beaucoup de bien à l'Algérie, c'est qu'il n'a pas été secondé ; peut-être n'a-t-il pas mis assez de soin dans le choix de ses agens. Il fut, au bout de six mois, remplacé par M. le général Berthezène, sous le commandement duquel les Arabes apprirent qu'on pouvait enfin nous vaincre.

Après eux parut un homme auquel ses antécédens donnaient soif d'une bonne renommée. Par l'énergie de son caractère , par la grandeur de ses vues , Alger marcha d'un pas rapide dans la voie du progrès. Sous son commandement , des routes se sont ouvertes , un vaste hôpital militaire s'est élevé dans le lieu que son prédécesseur avait choisi pour passer les chaudes journées de l'été.

Une pensée généreuse avait fait désirer au duc de Rovigo d'améliorer l'état du soldat, qui, après deux ans d'occupation, était encore au bivouac. Pour cela, il avait frappé les indigènes d'une contribution d'environ 400,000 fr. Cette mesure, qui devait donner un matelas à chaque soldat, lui fut reprochée comme un crime ; il reçut l'ordre de faire rendre les laines et l'argent à ceux qui n'avaient pu fournir leur part en nature : certes, les révélations de M. Blanqui sont un éclatant hommage rendu à la mémoire de M. de Rovigo.

Une disposition bien sage pour l'avenir de la colonie avait été prise par lui. Les soldats congédiés qui consentaient à demeurer en Afrique, recevaient, pendant une année, les vivres de campagne ; aujourd'hui cette disposition bienfaisante a été supprimée et le soldat obtient difficilement l'autorisation d'y rester.

La mort frappa trop tôt le duc de Rovigo pour le bien de la colonie, dans laquelle *son nom est resté populaire ;* mais elle lui évita le chagrin de se voir dépossédé du gouvernement d'un pays qui était devenu l'objet de toute sa sollicitude. Néanmoins, sa volonté posthume, soutenue par les efforts de M. le général Trézel, gouverna encore pendant le long intérim de M. le général Voirol.

Pendant cette période de commandement incomplet, on vit s'organiser la petite *diplomatie arabe ;* époque fatale, durant laquelle nous tombâmes si bas, qu'on assassinait sous nos yeux et sans qu'on pût les venger, les Caïds nommés par le *bureau arabe.*

Ce fut dans ces circonstances que la commission d'Alger, présidée par M. le général Bonnet, surprit la colonie ; on ne doit pas s'étonner du peu de faveur qu'y obtint ce malheureux pays.

A la fin de l'été 1834, l'arrivée de M. le comte d'Erlon vint mettre fin à l'intérim de M. le général Voirol. Sous ce nouveau Gouverneur, la guerre se ralluma, causée par la généreuse indignation qu'éprouva M. le général Trézel, alors commandant à Oran, à la vue des outrages faits chaque jour à notre dignité nationale, par un misérable marabout qui, sous l'inflexible général Boyer, n'avait jamais pu percer le voile d'obscurité dont il était couvert, et que la main de M. le général Desmichels avait si imprudemment déchiré.

L'échec de la Macta, causé par la fausse direction prise par quelques voitures, dut tout son caractère de gravité à la quantité de poudres et d'armes que, depuis long-temps, nos Gouverneurs prodiguaient sans discernement à Abd-el-Kader. On était fasciné, engoué de l'Émir; il devait être le régénérateur des Arabes et les rapprocher de nous par la civilisation. M. le général Trézel comprit seul l'énormité de ces idées philanthropiques, et, consultant plus son indignation que ses moyens d'exécution, il se mit en campagne.

S'il fut malheureux, on ne peut lui refuser la gloire d'avoir rompu un traité dangereux et une paix humiliante. On sait, du reste, comment l'armée récompensa la noble conduite de ce général.

Telle était la situation de nos provinces d'Afrique à la fin de 1835, lorsque M. le maréchal Clausel y arriva pour la seconde fois.

Ce Gouverneur, que sa popularité fit accueillir avec enthousiasme par les colons, promit de sauver la colonie, de réformer les abus et de donner enfin à l'agriculture un essor inconnu jusqu'alors; mais, par une fatalité inconcevable, aucune de ses promesses ne put se réaliser. Le journalisme, mal instruit, dirigea l'opinion publique, et il fut décidé qu'on devait venger l'échec de la Macta.

On connaît l'expédition de Mascara. Brillante en faits d'armes, elle fut nulle quant aux résultats; car, de même que le flot de la mer reprend sa place, lorsque le corps immergé se retire, les Arabes suivirent l'armée jusques aux portes d'Oran, et la reconduisirent à coups de fusil. Tlemcen fut occupée; mais, par un vertige inexplicable, cette ville, ennemie d'Abd-el-Kader, fut impitoyablement rançonnée par quelques agens. Cette violation du droit des gens eut des suites que nous avons ressenties plus tard.

Alors fut renouvelée l'institution des Beys; aucun de ceux qu'on nomma n'osa prendre possession de son commandement.

Celui de Medeah, que nous allâmes installer, fut enlevé, peu de jours après son arrivée, par les troupes de l'Émir, avec les 500 fusils que nous lui avions laissés.

Dès-lors la guerre fut flagrante; des assassinats nombreux furent commis jusque dans nos lignes. Les tribus les plus proches de nos avant-postes, compromises par ce voisinage aux yeux d'Abd-el-Kader, nous déclarèrent, après avoir imploré vainement notre secours, qu'elles étaient obligées de subir la loi *du plus fort*.

Après la destruction de Mascara et l'occupation de Tlemcen, il fut décidé qu'un établissement militaire serait placé à l'embouchure de la Tafna, pour le ravitaillement de cette place. On y dépensa près de 800,000 fr. ; puis on reconnut l'inutilité de ce poste, qui, ainsi que Tlemcen et Oran, fut étroitement bloqué par l'ennemi. La disette s'y fit bientôt sentir, à cause de la difficulté des arrivages sur une côte impraticable aux navires.

La situation de cette province devenant de jour en jour plus critique, il fallut envoyer des secours de France. M. le général Bugeaud fut désigné pour diriger les opérations. Arrivé vers la fin de mai 1836, il ravitailla Tlemcen, débloqua la Tafna, et obtint, à la Sikack, un succès éclatant. Après son départ, la province d'Oran retomba dans le même état ; le retrait des troupes qui avaient combattu sous ses ordres, ne permit pas à son successeur de continuer les opérations.

Dans la province de Bone, nos affaires n'étaient pas dans un état plus prospère. M. le général d'Uzer avait été rappelé en France ; et Jussuf, investi prématurément du titre de Bey de Constantine, rentra triomphant dans Bone. Il obtint que le général d'Uzer n'eût pas de successeur, et le commandement fut confié au colonel d'état-major Duverger : ce choix parut dicté par la pensée de laisser à Jussuf-Bey un pouvoir sans contrôle. Alors la garnison française devint l'auxiliaire du chef arabe; un système d'exactions et de cruautés s'organisa. Les tribus qui entretenaient avec nous des relations, cessèrent d'approvisionner nos marchés et nous devinrent hostiles; celles qui s'étaient rangées sous notre domination, s'éloignèrent : il ne nous resta que deux escadrons de Spahis, dont la solde garantissait la fidélité.

Ainsi se resserrait chaque jour le cercle de notre pouvoir ; ainsi se détruisaient peu à peu les heureuses dispositions de cette province pacifique : on préludait alors à l'expédition de 1836 sur Constantine.

Notre intention n'est pas d'en raconter les faits trop connus ; mais nous pouvons affirmer que la résistance que nous avons éprouvée, fut en grande partie due au souvenir du pillage de Tlemcen.

En mai 1837, M. le maréchal Clausel fut rappelé, au grand regret de toute la colonie, et l'ardent désir qu'avait depuis long-temps M. le général Danremont, fut comblé. Ce général, que sa mort a grandi, avait de la rectitude dans l'esprit. Livré à lui-même, il aurait pu faire du bien ; mais son caractère faible fut incapable de résister aux influences qui le dominèrent ; il passa son temps à les combattre, mais jamais il ne put secouer leur joug.

Peu de temps après son arrivée dans l'Algérie, il dut s'occuper des préparatifs de la seconde expédition de Constantine. Il se rendit à la fin de juillet au camp de Medjez-Ammar, le dernier de nos avant-postes sur la route de cette ville, et, pendant deux mois, il parlementa avec le bey Achmed, pour traiter de la paix.

Les négociations dirigées par quelques intrigans avides, eurent, à l'insu du Gouverneur, un tel caractère de bassesse et de cupidité, que le Bey finit par rejeter avec hauteur nos propositions. Ces agens, déçus dans leurs espérances de fortune, répandirent le bruit que l'influence du consul anglais à Bone, avait changé les dispositions d'Achmed ; mais la fausseté de cette assertion fut prouvée plus tard.

Le récit du siége de Constantine n'entre pas dans le plan que nous nous sommes tracé ; cependant nous ferons ressortir un fait : sans la présence à Medjez-Ammar de M. le général Valée, cette seconde expédition aurait eu la même issue que celle de 1836. Plusieurs notabilités de l'armée ne voulaient prendre que des canons du calibre de 12. Le vieux praticien insista pour son calibre de 16 et de 24, et sa ferme volonté nous évita un échec dont les suites eussent été désastreuses.

Nommé Maréchal de France après la mort du général

Danrémont , M. le général Valée se trouva naturellement en position d'être investi du gouvernement de la colonie. La capacité dont il avait fait preuve à Medjez-Ammar et à Constantine , comme général d'artillerie , la fermeté de son caractère, firent espérer qu'il comprendrait les fautes de ses prédécesseurs, et qu'il apporterait , dans l'administration de notre conquête , la rectitude d'idées qu'on lui avait reconnue jusqu'alors; mais, contre toute prévision , il n'a adopté que l'héritage de leurs erreurs. Un aveuglement incompréhensible , peut-être une jalousie puérile , lui firent éloigner tous les hommes qui avaient rendu des services réels. Il se priva d'abord de l'assistance de M. le général Trézel, qui connaissait parfaitement les affaires d'Afrique. Plus tard , ce devait être le tour de M. le général de Négrier.

L'opinion du nouveau Gouverneur , *que jusqu'alors l'on n'avait fait rien de bien* (formulée en termes moins mesurés), était généralement vraie. Les malheureux colons conçurent alors de vives espérances ; mais elles furent presque aussitôt dissipées , car ses actes ne produisirent pas ce *bien* qu'on n'avait pas su faire avant lui. Ses premiers arrêtés furent insignifians, et aucun signe ne manifesta qu'il eût compris que l'avenir de la colonie était la *colonisation :* il ne s'en occupa nullement.

Malgré sa *perspicacité,* M. le maréchal Valée est tombé dans l'ornière où ses prédécesseurs se sont embourbés : *la politique et le système arabes*. Nous avons la certitude qu'il consacra tout l'été de 1838, à mûrir l'application de ce système à la province de Constantine : des faits viennent à l'appui de ce que nous avançons. A mesure que M. le Maréchal s'en pénétrait, M. le général de Négrier , commandant supérieur de Constantine, trouvait de l'opposition à Alger , pour la direction qu'il donnait aux affaires. Ce général parcourait cette province en maître ; il frappait de crainte les Kabaïles de Stora ; les tribus hostiles étaient châtiées vigoureusement. M. le Gouverneur-général blâma ses actes, et lui sut mauvais gré des plaintes qu'il portait sans cesse contre le hakem *Hamouda,* souvent surpris en flagrant délit de malversation. Enfin, fatigué des entraves qu'on mettait à son autorité , M. de Négrier demanda son rappel et fut remplacé par M. le général Galbois , qui vint ainsi le supplanter dans les justes récompenses qu'il avait méritées. Il est vrai de dire que M. le général Galbois avait fait, entre les mains de M. le Gouverneur, vœu d'obéissance , quand même !

Dès-lors, le vent du système arabe souffla en plein sur la province de Constantine ; vent desséchant, qui avait frappé de stérilité l'administration de tous les Gouverneurs , depuis la mort du duc de Rovigo. Ce système a cela de particulier , qu'il est également repoussé par les indigènes et les Français ; mais ses prôneurs le revêtent de couleurs si brillantes, que tous nos Gouverneurs en sont séduits.

Qui ne serait , en effet , enchanté d'une division de l'Algérie en *Provinces* , subdivisées en commandemens de *Kalifats,* ces derniers en *Caïdats,* composés chacun de plusieurs *Tribus.* On aperçoit déjà l'admirable simplicité de cette hiérarchie. Un mécanisme non moins merveilleux fait arriver, par l'intermédiaire des *Sheiks,* des *Caïds* et des *Kalifats ,* la pluie d'or du *hoker* et de l'*achour* dans les caisses de l'État ; et chez vous, ô vertueux Arabes ! peuple primitif , tout cela se passe sans gendarmes, sans douaniers , sans percepteurs ; enfin , sans le réseau administratif qui enveloppe notre France pervertie, les Sheiks, qui sont de bons *maires* de village, les Caïds de bons *sous-préfets* et les Kalifats d'excellens *préfets ,* se chargent de tout. Certes , l'âge d'or n'avait pas des institutions plus simples !

Telles sont , cependant, les *idées* qui eurent accès dans l'esprit de M. le Maréchal et qui motivèrent l'expédition de Stora. N'ayant pu convertir à ses vues l'incrédule Abd-el-Kader, il se rendit à Constantine , au commencement de septembre 1838 ; et, grâce à ce qu'avait fait précédemment M. le général de Négrier, il vint pacifiquement à Stora, fonder la cité de Philippeville.

Cette fois-ci l'armée ne put être récompensée dans la personne de son chef , déjà arrivé au sommet de l'échelle des grandeurs ; mais, M. le général Galbois reçut, à la grande satisfaction du soldat, le grade de Lieutenant-général. Après ces exploits magnifiques, trop magnifiquement récompensés, M. le maréchal Valée enfanta deux arrêtés (1), traduction fidèle du système arabe développé ci-dessus. Puis, rentré dans Alger, il les fit insérer dans le *Moniteur Algérien*, dans le bulletin des actes du Gouvernement et d'autres journaux; alors, satisfait de son œuvre, il défia la presse malveillante (2).

Le gouvernement turc, où le despotisme faisait loi, n'avait pas pour but la colonisation, mais bien l'exploitation du pays. Comparez son organisation avec celle de M. le Maréchal, et vous verrez que l'une a pu réussir et que l'autre est impossible. En effet, à l'exception du Scheik el Arab (Ferhat-ben-Saïd) et de Resguy, Scheik des Hannenchas, qui étaient les anciens chefs de ces tribus, aucun des fonctionnaires désignés, n'osèrent se rendre dans leurs arrondissemens, les Arabes reconnaissant en eux leurs anciens persécuteurs; mais, comme il fallait mettre à exécution le système qui venait d'être adopté, M. le général Galbois, à la tête de 1,800 hommes, conduisit le Caïd Ali dans les Haractas (composés de 4 tribus), pour l'installer et en même temps lever les impôts; mais, rappelé à Sétif par le Gouverneur, on fit venir de Guelma une colonne de 800 hommes, aux ordres du lieutenant-colonel de Bourgon, pour garder le Caïd et faire rentrer les contributions. Au commencement de décembre 1838, on n'avait pu réunir que 5,000 fr., sur 50,000 fr. qui étaient dûs, et les Arabes se préparaient à la résistance. On fut obligé de faire une

(1) Voir les arrêtés (note 3), à la fin de l'ouvrage.

(2) Le 16 octobre 1838, on lisait dans le *Moniteur Algérien:* « L'occupation de Stora et l'institution des hauts fonctionnaires indi-»gènes complètent la prise de possession de la province de Cons-»tantine. La domination française s'étend aujourd'hui sur toute la »province. Un vaste territoire est couvert, de la Calle à Constantine »et à Stora, par nos camps. Le chef-lieu de la province n'est plus »qu'à 18 lieues d'une rade meilleure que celle de Bone. Le système »d'occupation a donc reçu tout le développement dont il était sus-»ceptible en ce moment, et les résultats obtenus par le calme et la »persévérance répondent hautement aux accusations que, sur la »foi de correspondances mensongères, la presse malveillante a trop »souvent élevées contre le Gouvernement. »

razia pour le reste. A quoi a servi, dans cette affaire, le Caïd Ali? On pense bien qu'il n'est pas resté chez les Haractas.

Le fameux Ben-Aissa, le soi-disant défenseur de Constantine (on a su que c'était le Caïd-Dar, tué sur la brèche, qui avait organisé la défense); Ben-Aissa n'a pas pu se rendre dans son commandement du *Sahel-de-Stora*. Il faudra l'y conduire et pénétrer dans des montagnes occupées par les Kabaïles, où, sans doute, on ne recueillera que des coups de fusil.

Tous ces fonctionnaires sont encore à Constantine, attendant qu'on veuille bien les mener toucher le tiers du hoker. Resguy, Scheick des Hannenchas, qu'on a confirmé, parce qu'on n'a pu faire autrement, est un de nos ennemis. Au mois de mars dernier, sous le prétexte qu'il lui serait utile d'être vu sous notre protection dans ses montagnes, il attira une colonne de 1,200 hommes dans un lieu nommé Hadjarà (rocher). Il avait promis de s'y rendre avec 800 cavaliers et des vivres; il vint avec 20 hommes et sans vivres. La colonne fut vivement attaquée et ramenée à Guelma : Resguy s'excusa comme il put, et on le crut.

M. de Mirbeck, à la tête des Spahis, n'a pu, en 1838, faire rentrer que 3,000 fr. des tribus frontières de Tunis, encore a-t-il fallu combattre. Ainsi, malgré les assertions formelles de M. Molé, à la Chambre des Pairs, les impôts se réduisent à de bien petites sommes. Si l'on voulait mettre en balance les frais et le produit de toutes ces expéditions, on verrait où est le bénéfice.

M. le maréchal Valée veut que les Kalifas et les Caïds entretiennent des cavaliers dans les tribus; nous ne pouvons deviner comment ils le feront sans argent, sans crédit et sans influence sur les Arabes. Mais supposons que ces chefs puissent se soutenir seuls, alors ils écraseront d'impôts les indigènes; ils useront largement du droit du sabre que nous ne pouvons nous réserver. Le système turc continuera au nom de la France; et, bien plus, la révolte d'un seul de ces chefs deviendra pour nous un sujet de guerre. Il est donc heureux que le système qui organise la province de Constantine, ne puisse s'*organiser* lui-même.

Si des colonnes françaises sont obligées d'aller recueillir

l'impôt les armes à la main, à quoi nous sont utiles ces fonctionnaires arabes, sinon à augmenter le nombre de ceux *in partibus* à Alger? Selon nous, le provisoire de M. le général de Négrier valait mieux que l'impraticable définitif de M. le maréchal Valée.

Ce que nous déplorons, c'est l'infidélité des rapports faits sur l'Algérie. Le ministère et la nation sont étrangement abusés. La vérité est que notre armée est harassée, épuisée de privations de toute espèce; que nos soldats sont encore, pour la plupart, bivouaqués, non temporairement, mais pendant des années entières; que notre cavalerie n'a presque plus de chevaux valides (on sera obligé d'en faire venir de France, pour la remonter (1); que nos transports sont usés.

Dit-on, dans ces bulletins infidèles, que la colonne de M. le général Galbois, au retour de Sétif, à la fin de 1838, a été poursuivie, à portée de pistolet, par les cavaliers des Ouled-Mocran et des Righas; que nos généreux soldats ont fait de vains efforts pour les repousser, parce que nos chevaux, depuis long-temps privés de nourriture, n'ont pu fournir une seule charge? Rapporte-t-on, dans ces relations tronquées, que le 3e bataillon d'Afrique, laissé à Djimilah (*Culcul*), a été réduit, pendant cinq jours, à boire l'urine des bœufs que l'on tuait, et que l'on fut forcé d'envoyer le 26e de ligne pour le délivrer? Dit-on que, sans les retards qu'éprouvèrent des courriers porteurs d'ordres et de contre-ordres de l'irrésolu général Galbois, le 3e bataillon d'Afrique et le 26e régiment eussent péri totalement? Heureusement les ordres n'arrivèrent pas, et ces deux corps qui étaient sans vivres, franchirent avec peine la rivière de Boussala, qui, le lendemain, devint un torrent de 20 pieds de profondeur, entraînant tout sur son passage. A-t-on dit que, pour porter nos vivres, on va surprendre les Arabes, auxquels on enlève de force les bêtes de somme employées au labour, et que ces malheureux sont obligés de profiter de l'obscurité de la nuit pour s'enfuir avec leurs bêtes? Raconte-t-on, enfin, que nos courses inutiles ont jeté la

(1) Voir l'Appendice, à la fin de l'ouvrage.

misère dans le pays, et que les indigènes venaient dans nos ports acheter le blé à 50 fr. l'hectolitre?

Voilà, cependant, où en est le pays ; et, quoique M. Molé se soit écrié avec enthousiasme, que nous l'avons trouvé misérable et qu'il est maintenant dans l'état le plus prospère, nous ne pouvons que nous écrier : O pitié! ô déception!

Quels impôts veut-on recueillir sur des populations affamées? Les Turcs, tout barbares qu'ils étaient, laissaient aux tribus le loisir de semer et de récolter.

M. le général Galbois a dit hautement que, dans ses courses, les Arabes ont partout fourni les prestations en nature. Qu'on demande la vérité au soldat. M. Galbois a eu le *kouskous*, c'est vrai; mais quand Auguste avait bu, la Pologne n'était pas ivre.

On peut juger maintenant par ce qui se passe à Alger, *du plus beau modèle de la meilleure administration d'une colonie* (Réponse de M. Molé à M. Villemain). Quant à nous, nous ne pouvons nous résoudre à voir une idée administrative dans le système de M. le maréchal Valée, dans cette soif de conquêtes inutiles, puisque nous ne savons pas tirer parti de ce que nous avons.

M. le Maréchal promettait, au printemps dernier, une route d'Alger à Constantine : un simple calcul va faire voir que c'est impossible. Cette route a près de cent lieues de développement, ou 400,000 mètres. On ne peut supposer moins de 5 mètres cubes de remuement de terre ou de rochers à pétarder par mètre courant, soit 2,000,000 de mètres cubes.

Dans un terrain où la main de l'homme n'a jamais travaillé depuis les Romains, on ne peut pas espérer qu'un homme déplacera plus d'un mètre cube par jour : sur un homme qui pioche, il en faut un qui enlève la terre et un autre qui l'éparpille et la place; les hommes qui piochent doivent avoir entre eux un espace de deux mètres; la route se divisera en deux cent mille ateliers de 3 hommes chacun : sur chaque atelier il y aura 10 mètres cubes, l'un dans l'autre, à déplacer; les 3 hommes travailleront 10 jours pour faire 2 mètres courans de route : il faudra donc, pour la route entière, 600,000 hommes travaillant 10 jours; ou 60,000 hommes travaillant 5 mois 10 jours; ou, enfin, plus de 15,000 hommes travaillant un an, c'est-à-dire 365 jours. Mais, en Afrique, les grands travaux sont forcément suspendus pendant l'été et une partie de l'hiver.

Puisque M. le maréchal Valée voulait faire des routes, ce devait être à la porte de Bone, où il n'y en a pas. Nous ne connaissons d'autres bonnes routes que celles faites sous M. le duc de Rovigo; les autres que l'on décore pompeusement de ce nom, impraticables en hiver, inutiles en été, ne sont que les traces des pieds de nos chevaux, les empreintes des roues de nos voitures, et bonnes seulement à indiquer où il ne faut pas passer.

Il n'est donc que trop vrai que M. le maréchal Valée n'a pas compris sa mission, qu'il ne s'est point inquiété de la colonie, et que son unique occupation a été de caresser, au fond de son palais, la stérile pensée d'une course de Constantine à Alger par terre. C'était une idée fixe, à laquelle il attachait une gloire que nous ne concevons pas. C'est pour contenter une fantaisie, qui lui semblait le *nec plus ultrà* du pouvoir humain, et qui devait surpasser l'œuvre des Romains, que sans cesse il étendait nos troupes de Constantine à Sétif, ne s'apercevant pas de la contrebande de poudre qui se faisait même à Alger, négligeant de s'informer des démarches de l'ennemi, et dédaignant de protéger les efforts des colons, qu'il croyait ridiculiser en les appelant peu spirituellement *des chapeaux ronds*.

L'expédition des Bibans, où M. le maréchal Valée a entraîné le Prince royal, pour en faire une égide à sa responsabilité, a été faite sans doute contre le vœu du ministère; elle a donné lieu à un bulletin pompeux, où règne un ton d'emphase bien ridicule, mis à côté de la *relation jour par jour* des officiers d'ordonnance du Prince, et insérée dans plusieurs journaux. Dans le rapport officiel, nous voyons *Sétif (ruines abandonnées)*, qualifié de *clef* de toute la contrée, *de centre du commerce du désert, de point stratégique*, d'où notre canon commandera toutes les communications. Mais écoutons M. le général Bugeaud, au moins aussi compétent en cette matière que M. le lieutenant-colonel de Salles; il s'explique de la manière suivante (lettre du 11 février 1838, reportée à la fin de l'ou-

vrage). « Qu'on tâche donc de comprendre enfin , que les
»combinaisons stratégiques d'Europe n'ont aucun sens en Afri-
»que : les choses , les armées étant toutes différentes, la guerre
»doit différer également. Il n'y a pas de *clef* d'une contrée ; il
»n'y a pas à prendre de ces positions qui commandent au loin
»le pays, militairement parlant. On ne tourne pas les Arabes,
»tous les points de l'horizon leur sont indifférens ; on ne
»s'empare pas de leurs lignes de communications , tous les
»chemins leur sont bons ; on ne menace pas leurs dépôts
»et le siége de leur gouvernement , le cœur de leur puissance,
»leurs dépôts sont des silos invisibles depuis la guerre : le cœur
»de leur puissance est aussi mobile que leur camp. »

Mais, que peut l'expérience des hommes qui connaissent
l'Afrique sur un Gouverneur qui, renfermé au fond de son
palais , demeure inaccessible à tous les chefs de service, et ne
considère comme réalité , que le thême qu'il s'est fait ?

Monseigneur le duc d'Orléans n'a pu se refuser à accompa-
gner M. le Maréchal, dont les projets étaient arrêtés d'avance,
et qui n'attendait qu'une occasion pour les mettre à exécution.
Ce prince a pu, dans cette course , se convaincre que le pays est
dépeuplé. Il a , du reste, galamment laissé tout entière à M. le
Maréchal , la gloire acquise dans cette expédition qu'il appelle
simplement une *circonstance mémorable*. Mais, en revanche, il a
reçu de l'armée un hommage plus flatteur que l'encens gros-
sier du bulletin ; c'est une palme qui lui a prouvé la grati-
tude des soldats , pour la confiance avec laquelle il s'est mis
à leur tête dans une course plus heureuse que prudente. Il a
joui de la reconnaissance des colons, pour les promesses qu'il
leur a faites au nom de la mère-patrie. Il a fallu, pour les con-
soler de leurs amères déceptions, toutes ces promesses qu'il est
temps plus que jamais de tenir ; car , à suite de la panique
causée par les 1,500 ou 2,000 cavaliers d'Abd-el-Kader, M. le
Gouverneur s'est décidé à abandonner plusieurs de ses postes ,
et à sacrifier les établissemens des colons.

N'est-il pas certain actuellement que si on se fût occupé à
installer, en arrière de nos lignes, une population compacte
et composée le plus possible d'anciens militaires , les Arabes
n'eussent pu la pénétrer facilement? Ils se seraient trouvés au

milieu de nous, plus embarrassés que nous ne le sommes en allant chez eux. Ils auraient rencontré partout un fusil prêt à les foudroyer.

M. le Maréchal prétend que le traité de la Tafna est la cause de ce qui arrive ; nous lui demandons pardon de ne pas être de son avis. Depuis deux ans n'est-il pas averti des menées de l'Émir ? Est-ce d'aujourd'hui qu'il sait que Abd-el-Kader a défendu à ses *sujets* de commercer avec nous ? N'est-ce pas au commencement de 1838, que la tribu *Coulouglis* des Ouled-Zeitoun a été en partie massacrée pour avoir méprisé cette défense ? N'a-t-il pas compris que l'ambassade au Roi, également en 1838, n'avait pas d'autre but que de grandir l'Émir aux yeux des Arabes, et de le faire décheoir lui, Gouverneur, du titre de *Sultan* d'Alger? Qu'ont signifié les courses de l'ennemi sur le territoire de Constantine, où Abd-el-Kader a cherché à lever des impôts, et plus tard, l'envoi dans la Méjana, pour le même objet, d'un de ses lieutenans? L'Émir n'est-il pas venu de sa personne à quelque distance de Bougie ? Les Hadjoutes, ses sujets, n'ont-ils pas continuellement harcelé nos troupes et nos colons ? M. le Gouverneur n'a-t-il pas obéi aux ordres qu'il lui a donnés de rendre un couple nègre, qui, pour éviter la mort, s'était réfugié chez nous ?

Que fallait-il donc de plus pour rompre le traité de la Tafna? Devait-on attendre que les Arabes vinssent massacrer nos colons, les faibles escortes de nos convois, et enfin nous acculer à la mer ?

Dans son rapport au Ministre de la guerre, M. le maréchal Valée prétend avoir prévu les derniers événemens. Si cela est, comment repoussera-t-il le reproche d'inaptitude comme général en chef? Car, enfin, c'est un marabout à la tête de 2,000 hommes, qu'il ne peut vaincre et contre lequel il demande 25,000 hommes.

Ce n'est pas après une longue carrière parcourue comme *Chef de service*, que l'on devient général d'armée : aussi, ne sait-il ni se servir des hommes, ni les commander. Il a désorganisé l'armée d'Afrique, transgressé toutes les règles de la hiérarchie, oublié les convenances en faveur de son gendre ; et, pour s'excuser des désastres qu'il a causés, il les rejette sur l'armée, sublime de dévouement, de patience et d'énergie ; il accuse les officiers d'avoir manqué d'aplomb, de sang-froid, peut-être, pense-t-il, de courage. L'histoire offre peu d'exemples d'un chef accusant ainsi son armée à la face de l'Europe ; mais l'armée *repousse cette accusation.*

Comme *administrateur,* M. le maréchal Valée n'a pourvu à aucun besoin de l'armée, ni de la colonie (1) ; enfin, comme *politique,* il s'est laissé abuser de la manière la plus grossière par un simple chef de horde. Nous lui avons rendu pleine et entière justice comme artilleur consommé. Que ne s'en est-il tenu à cette gloire, et que n'a-t-il imité M. le général du génie Haxo, qui, sollicité de passer dans l'infanterie pour devenir maréchal, répondit noblement : « Je ne veux pas, dans l'espoir d'une récompense, échanger la réputation que j'ai acquise dans mon arme, contre celle de mauvais général d'armée ? »

De huit Gouverneurs, un seul a dédaigné de combattre les Arabes : c'est M. le duc de Rovigo, qui s'est occupé activement de la colonisation : c'est aussi sous son commandement qu'elle a fait des progrès.

Aucun des autres n'a eu le courage de préférer à sa *gloire* la prospérité du pays ; et, par une fatalité qui devrait enfin les éclairer, tous ont vu s'échapper de leurs mains les lauriers pour lesquels ils sacrifiaient tout.

Sur huit Gouverneurs, deux seulement ont imprimé de

---

(1) M. le maréchal Valée fait connaître, dans le *Moniteur Algérien* du 14 décembre, qu'il a dû sacrifier les établissemens des colons, pour conserver les lignes de la Chiffa et de l'oued Kaddara. Nous pensons, au contraire, que ces lignes ne sont d'aucune importance, car elles ne couvrent ni ne protègent rien, et qu'il eût mille fois mieux valu conserver les établissemens agricoles de la plaine. Quand comprendra-t-on que le point important est de nous créer des ressources dans le pays, de pouvoir nous passer des bestiaux des Arabes et des grains de la Russie ; enfin, de ne pas laisser notre colonie dans une situation telle, qu'un blocus par mer, de la durée d'un mois seulement, combiné avec une nouvelle levée de bouclier des Arabes, la réduirait certainement par la famine ?

la vie à la colonie. Le premier, **M.** le maréchal Clausel, et le second, **M.** le duc de Rovigo : l'épreuve est donc contre le gouvernement militaire.

Ce n'est pas une exclusion de MM. les Officiers généraux au gouvernement, que nous demandons ; nous reconnaissons que, parmi eux, il en est qui réunissent les connaissances et le génie nécessaires à la création d'un établissement colonial ; mais la réunion du pouvoir militaire au pouvoir civil, entre les mains du Gouverneur, est une tentation si forte qu'un seul a pu résister au plaisir de guerroyer. Elle est d'ailleurs une trop grande tâche pour un seul homme ; l'armée et les colons en souffrent. Le chef de l'armée ne comprend pas les besoins de la colonie ; et en vérité on ne peut substituer la discipline militaire au pouvoir municipal, ainsi que **M.** le maréchal Valée en a fait l'essai à Philippeville.

Depuis 9 années que l'Algérie est gouvernée militairement, quels résultats avons-nous obtenus? Une guerre sans gloire, contre un ennemi incapable de nous résister ; une guerre *désastreuse*, où plus de 50,000 hommes ont péri, non par le feu de l'ennemi, mais de maladies et de misère ; une guerre qui a englouti sans fruit des sommes énormes.

Le ministère n'a jamais empêché l'œuvre de la colonisation ; il l'a, au contraire, favorisée en maintes circonstances. **M.** le maréchal Clausel, un de ses plus chauds partisans, a été chargé de la diriger de nouveau, en 1835. **M.** le duc de Rovigo a obtenu des moyens spéciaux pour la faire progresser. Des pleins pouvoirs ont été accordés à tous nos Gouverneurs pour y coopérer. L'argent n'a point manqué ; mais néanmoins rien n'a marché : on a trop abandonné les affaires au bon plaisir des Gouverneurs.

Écoutons ici ce que dit **M.** Michel Chevalier :

« Je ne veux pas faire le métier de prophète, encore moins »celui de prophète de malheur ; d'ailleurs, à la distance où »je suis d'Alger, je n'en dois parler qu'avec une extrême »réserve. Je suis cependant persuadé qu'avec le système de »laisser faire, ou de ne rien faire, adopté par le Gouverne- »ment, nous ne sommes pas en chemin d'y implanter une

»population française. Et pourtant, jusqu'à ce qu'il y ait
»200,000 ou 300,000 Français, notre domination n'y sera
»qu'éphémère, à la merci d'un vote inopiné des Chambres,
»ou d'un caprice ministériel, ou d'un bruit de guerre, et qui,
»pis est, dans ce siècle positif, Alger nous coûtera beaucoup
»sans nul retour.

»Si je ne m'abuse complétement, ce qui se déverse à Alger
»avec le système des émigrations individuelles, doit être, sauf
»un petit nombre d'exceptions, le rebut de nos grandes villes.
»Il y faudrait la fleur de nos campagnes et de nos ateliers, de
»jeunes cultivateurs, ou de robustes ouvriers, comme ceux qui,
»le mousquet à la main, font la gloire de nos armées : ceux-
»là auraient la force et la volonté de s'emparer du sol, comme
»s'en empare la civilisation, par la culture et le travail...... Ils
»ne se déplaceront, pour aller asseoir avec eux la domination
»française sur le sol de l'Afrique, que lorsqu'un *Gouvernement*
»*éclairé* les y appellera, non *vaguement*, mais *nominativement*,
»les y conduira et les y installera lui-même.

»Tous les ans, deux milliers environ de soldats quittent la
»régence (car c'est encore la régence) pour rentrer dans
»leurs foyers et redevenir ouvriers et paysans. Quelle fortune
»ne serait-ce pas pour Alger, si l'on pouvait les y retenir, ou
»s'ils voulaient y retourner, après être venus en France prendre
»femme ! Avec l'ambition d'arriver à la propriété dont tout
»homme est possédé aujourd'hui, il ne serait pas impossible de
»les y résoudre en leur donnant des terres, des outils, des
»maisonnettes que l'armée aurait bâties elle-même. Distribués
»dans de grandes fermes, ou dans des villages, autour des-
»quels chacun d'eux aurait son champ, et qu'au besoin pro-
»tégerait l'inexpugnable blockhaus, ils formeraient un noyau
»que la population française viendrait bientôt grossir, et dont
»l'existence enhardirait les Compagnies à tenter enfin des en-
»treprises sérieuses. Si on leur laissait leur fusil, leur uni-
»forme, ils constitueraient une milice aguerrie qui ne craindrait
»pas les Bédouins, et que les Bédouins redouteraient. Qui
»pourrait trouver mauvais qu'Alger, conquis par notre armée,
»n'en devînt le patrimoine? Nos soldats ont payé Alger au même

» prix que les *settlers* américains ont acheté l'Ouest, c'est-à-
» dire, de leur sang. »

Avec un gouvernement militaire, on n'aura jamais, en Algérie, qu'une population de taverniers et de brocanteurs. L'agriculture a besoin de paix et de protection pour devenir florissante, et jamais un citoyen paisible et laborieux ne viendra se soumettre volontairement à la législation du *service des troupes en campagne*.

La plupart de nos généraux fort habiles à des œuvres de destruction, ont peu d'aptitude à des œuvres de patience et de création. Il n'est pas difficile de se convaincre de cette vérité par la lecture du bulletin des actes du gouvernement colonial, cahos informe où se montrent à chaque pas les incertitudes et les tâtonnemens d'esprits étrangers à l'administration.

L'autorité civile, la seule dont les colons aient besoin, sans cesse brisée par le despotisme du chef de l'armée, est impuissante et nulle; elle ne peut même exister si elle ne lui est supérieure.

Il faut donc se hâter de soustraire la colonie d'Alger au gouvernement militaire, supprimer définitivement une guerre sans résultat et presque sans ennemi.

Une solution au problème de la propriété est le premier pas à faire, avant même de concéder des terrains. Ensuite on devra s'occuper d'établir, en arrière de nos camps, une population forte et capable de résister aux Arabes. Il faudra en revenir au projet de colonisation militaire de M. le général Bugeaud; il est peut-être trop hiérarchique, mais, modifié, on ne saurait en adopter un meilleur.

Qu'il nous soit permis de rendre à M. le général Bugeaud un hommage d'autant plus désintéressé, que nous n'avons pas l'honneur d'être connu de lui. Il est le seul qui ait parfaitement compris les Arabes; sa lettre au *Courrier Français*, dont nous avons déjà cité quelques fragmens et qu'on trouvera à la fin de cet ouvrage, le prouve. Il est le seul que les soldats aient désigné par le titre de *père*. Chef prévoyant et résolu, on l'a toujours vu les conduire à des victoires réelles. Aussi, le suivront-ils toujours et partout avec une aveugle confiance.

Il a été étrangement calomnié pour le traité de la Tafna.

N'a-t-il pas été forcé de le conclure? Ceux qui le blâment, connaissent-ils ce traité? On avait besoin des troupes d'Oran pour l'expédition de Constantine, il fallait donc y suspendre les hostilités, et avoir l'air de concéder *vaguement* ce que l'Émir avait déjà en réalité. Ce traité est rédigé de telle façon, que si nous avions voulu le rompre dès le lendemain, nous l'eussions pu. Abd-el-Kader n'a pas cru plus que nous à sa durée. Ce n'est point le traité de la Tafna qui a grandi l'Émir, c'est le traité de M. le général Desmichels qui l'a élevé à la dignité de Sultan de l'Ouest; c'est de ce jour que date, non sa prétendue puissance, mais la reconnaissance de cette puissance par la France.

CHAPITRE III.

Proposition d'un système d'occupation militaire imité des Romains, et pouvant assurer la possession réelle du territoire.

—

Dans le chapitre Ier nous avons fait connaître les renseignemens que nous avons recueillis sur la population arabe, ses forces militaires et surtout sur l'impuissance où elle est de nous opposer des obstacles sérieux; dans le chapitre II nous avons développé rapidement le tableau de ce qui s'est passé en Afrique depuis 1830; il résulte évidemment de cet examen, que jusqu'à ce jour notre armée n'a pas pris devant les Arabes l'attitude qu'elle devait avoir, et surtout qu'elle n'a point donné à la colonisation la protection à laquelle on devait s'attendre.

Que sont, en effet, tous nos camps et nos établissemens militaires? Des points parasites qui, tirant toutes leurs ressources de la France (1), ne protègent rien, comme on vient d'en avoir dernièrement la preuve certaine. On n'ignore pas que, sur la route de Philippeville à Constantine, la correspondance est presque toujours attaquée; que pas un cultivateur n'oserait aller bâtir sa chaumière à un quart de lieue de nos postes, et que nos communications sont si peu sûres, qu'elles ne peuvent être parcourues sans escorte. Nos Gouverneurs ont agi, militairement parlant, en Afrique, comme on aurait pu le faire en Allemagne; et cependant, dès le commencement, on aurait dû s'apercevoir de l'inutilité défensive de toutes nos fortifications européennes. Les Arabes sont des *guérillas* moins nombreux et moins dangereux que ceux d'Espagne, et contre lesquels la marche d'une armée est impuissante : il est donc

—

(1) On serait effrayé si on savait à quel prix reviennent, dans les camps, par suite de la cherté des transports, la livre du mauvais pain que mangent nos soldats, et toutes les autres denrées qu'ils consomment.

évident que les moyens que nous avons à employer contre eux, doivent totalement différer de ceux usités en Europe.

Dans nos nombreuses courses au travers de l'Algérie, nous avons rencontré presque à chaque pas des ruines romaines, particulièrement sur les lignes de communication entre les centres de population ; ainsi d'Hippone à Cirta (de Bone à Constantine) on trouve des traces visibles de la voie romaine ; on en trouve aussi de Stora à Constantine et en bien d'autres endroits. Sur ces voies, pour la sûreté de la circulation, étaient établies à des distances de moins de mille mètres les unes des autres, des enceintes en pierres de taille destinées sans doute à recevoir un petit nombre de soldats. A chaque journée de marche (7 à 8 lieues environ), on arrivait à un *prœsidium* (espèce de fort), autour duquel se groupaient les maisons d'une ville, telles que *Guelma, Announa, Djimmila (Culcul), Sétif, etc.* Les Turcs ont imité en quelque sorte le système romain, en instituant leurs *haouch,* mot que nous traduisons improprement par celui de *ferme.* Ces *haouch* servaient de gîte aux Beys ou grands fonctionnaires qui étaient obligés de parcourir le pays pour la levée des impôts ; c'étaient de grandes cours carrées, autour desquelles régnaient des appartemens pour les hommes et des appentis en colonnades pour les chevaux et bêtes de somme.

Pourquoi n'imiterions-nous pas le système romain qui remplit parfaitement nos vues de colonisation, et au moyen duquel nous pourrons cerner successivement des portions de territoire sur lesquelles nous implanterons une population agricole et guerrière ?

La route de Bone à Constantine, la distance qui sépare Constantine de Gigeli, enferment, avec le rivage de la mer, une surface de terrain d'environ 600 lieues carrées.

La route de Bone à Constantine, dont le développement est de 42 lieues (de 4,000 mètres), peut se diviser en six étapes de 7 lieues chacune, et la route de Constantine à Gigeli, qui compte de 25 à 30 lieues en quatre ; total 10 étapes, sur environ 70 lieues de route. (Voir la carte à la fin de l'ouvrage.)

A chaque point marqué pour être un gîte d'étape, on construirait en maçonnerie une enceinte carrée de 30 à 40 mètres de côté. Sur ses faces internes seraient disposés des logemens pour une garnison de 100 hommes, des magasins pour ses approvisionnemens d'un mois, et des appentis pour les voyageurs et leurs montures. Dans chacune de ces grandes enceintes, autant pour l'effet moral que pour la défense, il y aurait une ou deux pièces de canon en fer, installées sur une tour voûtée qui dominerait les environs; il faudrait sept de ces postes, Constantine et Milah étant elles-mêmes des gîtes d'étapes.

De plus, à chaque quart de lieue (1,000 mètres), on construirait un blockhaus en pierre, voûté, également surmonté d'une coulevrine, et pouvant contenir 20 hommes avec leurs munitions pendant un mois. Sur un des côtés extérieurs de chaque blockhaus, il y aurait une petite cour carrée en maçonnerie, pour servir d'abri aux voyageurs poursuivis. Il faudrait 270 de ces blockhaus.

Tous ces postes seraient liés entre eux par une route d'une largeur de 5 mètres, bien exécutée et praticable en toute saison. Le côté extérieur serait bordé d'un fossé de 2 mètres de profondeur et de 5 mètres de largeur, excepté dans les endroits où des obstacles naturels le rendraient inutile. On conçoit aisément qu'une route semblable, vue sur toute sa longueur, ne pourra être franchie facilement par l'ennemi, surtout par la cavalerie, et encore moins par les bestiaux qu'ils tenteraient de nous enlever.

L'infanterie ne serait plus assujettie à bivouaquer et à fournir des escortes, toujours si pénibles en ce pays; car les voitures pourront circuler librement sur la route, toujours en vue de quelque poste. La route pourrait être entretenue sans beaucoup de peine par les hommes des grands et petits postes. En cas d'invasion de l'ennemi, un coup de canon tiré du blockhaus le plus voisin du lieu d'attaque, et répété sur toute la ligne jusqu'à la ville la plus prochaine, préviendrait les colonnes mobiles de se mettre en marche : la correspondance pressée pourrait se faire par une ligne télégraphique, d'autant plus commode que le temps est presque toujours clair.

Voyons actuellement combien d'hommes seraient nécessaires pour cerner ce territoire de 600 lieues carrées.

Bone, Constantine, Gigeli et Stora, entourées d'un mur d'enceinte, n'auraient besoin chacune que d'une garnison de 600 hommes, qui serait aidée, au besoin, par une milice bien organisée (1) et commandée par d'anciens officiers retraités, auxquels on pourrait faire un avantage ; soit. . 2,400 hommes.

Sept grands postes (gîtes d'étapes); plus Milah 800

Deux cent soixante-dix petits postes, à 20 hommes. 5,400

TOTAL. . . . . 8,600 hommes.

On joindrait à ce nombre, 2,000 hommes de cavalerie, répartis de la manière suivante :

Deux régimens de chasseurs, chacun de 600 chevaux, formant deux colonnes mobiles ayant chacune 4 pièces de montagne. . 1,200

Un régiment de gendarmerie de 800 hommes, disséminés sur les points principaux du territoire cerné. 800

TOTAL. . . . . . . 10,600 hommes.

Les colonnes mobiles, toutes de cavalerie, seraient réparties dans *Guelma*, *Constantine* et *Milah*. Dans chacun des onze gîtes d'étapes on aurait une brigade de gendarmerie, pour la surveillance de la route et pour la correspondance.

Les dépenses pour tant de travaux utiles ne seraient pas excessives. En effet, d'après la méthode de M. le duc de Rovigo, qu'il faut toujours citer (2), chacune des sept maisons carrées

____

(1) Nous supposons qu'au lieu de renvoyer les Européens, on les laissât arriver librement pour s'installer dans nos villes, et qu'on leur accordât toute la protection désirable.

(2) M. le duc de Rovigo fit, en 1832, construire, par les troupes elles-mêmes, une partie des belles routes autour d'Alger, et les camps de *Delhi-Ibrahim*, *Kouba* et *Birkadem ;* les troupes ne recevaient, pour indemnité de travail, qu'un quart de ration de pain et

ou gîtes d'étape ne coûterait pas plus de
10,000 francs ; soit....................   70,000 fr.

    Les 270 blockhaus en pierre, à 4,000 l'un.   1,080,000

    La route, exécutée ainsi que nous l'avons
dit dans le chapitre II, et payée à raison de
25 centimes par travailleur et par jour, revien-
drait à 5 fr. 75 c. par mètre courant ; par conséquent, pour ses 288,000 mètres de développement, à........................   1,080,000

            Total............   2,250,000 fr.

Mais, pour ne pas trouver de mécompte, et afin de pourvoir
aux dépenses de construction des ponts et à l'achat de matériaux, portons cette somme à 4 millions : on aura, pour
4 millions, exécuté une route qu'il faudra toujours faire par
la suite, créé des abris salubres pour les troupes, et cerné un
territoire de 600 lieues carrées, sur lequel on pourra jeter
promptement, en concédant des terrains à bas prix, une population de 500,000 habitans, à raison de 600 par lieue carrée, c'est-à-dire, une population douze fois plus forte que
celle des Arabes sur la même surface.

Qui empêchera, par la suite, chacun des divers postes de la
route de devenir le centre d'une ville ou d'un village ?

En se bornant à la simple défensive et à une surveillance
de tous les instans, il deviendra impossible que les Arabes
viennent piller nos colons et enlever leurs troupeaux. La
population indigène qui se décidera à rester dans nos lignes,
nous deviendra même utile, parce qu'elle n'y serait tolérée qu'à
la condition d'être responsable de toute attaque dont elle ne
nous préviendrait pas.

une ration de vin en sus de leurs rations ordinaires ; les casernes
de Delhi-Ibrahim pouvant contenir 600 hommes, et celles du
camp de Birkadem, pouvant contenir 1,200 hommes, n'ont pas
coûté, les premières plus de 12 à 15,000 francs, et les secondes,
plus de 25 à 30,000 francs. Il serait à propos de remplacer ces
supplémens de rations par une haute paie de 25 centimes par jour
pour chaque travailleur.

En adoptant ce système pour le territoire d'Alger (voy. la carte), la route retranchée partirait de Delys, passerait par Hamza., Médéah, Miliana et Cherchel ; et les Hadjoutes , *éternel cauchemar* de nos Gouverneurs , seront paralysés.

A Oran , la route à faire partirait de Mostaganem , passerait par Mascara, Tlemcen et la Tafna.

Alors, presque toutes les villes de la régence seront en notre pouvoir; et, pour 12 millions, on se serait assuré la possession de 1,800 lieues carrées de terrain, sur lequel en peu de temps on pourrait jeter une population de 1 million d'habitans , c'est-à-dire, le double de la population totale de la régence.

Plus tard, lorsque les terrains cernés seront suffisamment peuplés, nous pourrons continuer ce système de routes retranchées, en joignant Bougie à Sétif, Sétif à Constantine, puis Constantine à Tiffech, Tiffech au Kef, etc. , etc. De cette manière et avec le temps on peuplera la régence.

Nous insisterions pour que l'on commençât à s'occuper de la province de Bone et Constantine, qui, non-seulement est la plus belle et la plus grande, mais aussi celle qu'il est politique de grandir la première , à cause du voisinage de Tunis.

Le corps total d'occupation ne dépasserait pas 35,000 hommes , y compris les 6,000 hommes de cavalerie. Il ne s'agirait, pour le présent , que de remplacer les hommes malades par des hommes valides, et de se procurer 5,000 chevaux.

Certainement il est impossible , en Algérie, de trouver les 5,000 chevaux dont nous avons besoin ; mais, en attendant que nous ayons pris des dispositions pour n'en pas manquer à l'avenir, il faudrait les demander à Tunis, où on pourrait à la rigueur les rassembler, non sans difficulté : il faudrait prescrire au Bey de nous les vendre à raison de 400 francs la pièce, l'un dans l'autre et dans un délai fixé, ou qu'à défaut de bonne volonté , nous irions les demander avec 25,000 hommes. Ce serait encore une dépense de 2 millions, sur laquelle le Bey gagnerait peut-être la moitié ; mais, n'importe , ce sont des chevaux qu'il nous faut et non une économie malentendue. De Tunis on les enverrait par terre à Bone, où chaque bateau à vapeur de la correspondance pourrait en remorquer cent par voyage pour Alger et Oran. Dans la belle saison cela serait facile , sans risquer même d'en perdre un seul.

Notre position actuelle en Afrique , ne permet pas que nous flottions dans l'irrésolution ; il faut prendre un parti définitif, ou abandonner notre conquête sans retard.

L'armée, en Afrique, serait répartie en trois divisions, subdivisées chacune en deux brigades ; ces divisions, dont les siéges seraient Alger, Bone et Oran, et sous les ordres de trois lieutenants-généraux, relèveraient directement du ministère de la guerre, et seraient indépendantes les unes des autres.

La centralisation du pouvoir militaire à Alger est nuisible, vu le peu de fréquence de la correspondance entre cette métropole et les points de la côte ; elle deviendrait d'ailleurs inutile, puisque la guerre serait interdite à chaque commandant de division, leur mission devant se borner uniquement au maintien de la paix dans le terrain cerné par nos lignes.

Il est vrai qu'ainsi , bien des idées de gloire et de conquêtes, bien des espérances d'avancement se trouveront déçues ; mais, il faut l'avouer, la France ne peut sacrifier annuellement 30 à 40 millions et les intérêts d'une population nombreuse , à la satisfaction de pareilles faiblesses.

L'occupation étant ainsi réglée, l'autorité supérieure devrait être remise entre les mains d'un Gouverneur civil, qui, n'ayant point à s'occuper de l'armée, pourrait incessamment travailler à peupler le pays et à l'administrer véritablement : il n'aurait aucun pouvoir sur l'armée.

Laissons Abd-el-Kader se consumer lui-même ; que nos navires saisissent impitoyablement les contrebandiers qui apportent aux brocanteurs européens de Tunis et d'Alger la poudre et le plomb qu'ils fournissent aux Arabes : si on veut empêcher l'influence de l'Émir de s'étendre encore, et prévenir l'élévation de tout autre marabout fanatique, créons pour les indigènes, hors de nos lignes, un centre de ralliement. Nommons Jussuf leur chef, et donnons-lui quelques subsides pour commencer son œuvre ; certainement il ne nous trahira pas, parce qu'il connaît la France et qu'il a tout intérêt à s'en ménager la protection. Composons-lui un corps de volontaires français et arabes ; voici le moment de se servir utilement de lui. La guerre sainte n'est point dans le goût des Arabes ; il a fallu deux ans au moins pour en fanatiser quelques mille : ils préfèrent la paix. Il ne faudrait dicter à notre nouveau Bey, aucune autre condition que celle de contenir les Arabes, et, par la suite, d'entretenir ses troupes à ses frais, lui laissant pour revenu des impositions que nous ne levons qu'avec une dépense qui en dépasse le chiffre.

Si, malgré la rapide analyse que nous venons de faire des choses de l'Algérie et du vœu des colons, on persistait à faire la guerre, il faudrait mettre de côté les questions d'amour-propre, et donner le commandement de l'armée à des hommes qui connaissent le pays et qui se sont acquis l'affection des troupes ; ce sont, en première ligne, M. le maréchal Clausel, MM. les généraux Bugeaud, Trézel, de Négrier et Duvivier.

Ainsi le veut l'intérêt de la patrie !

Qu'on ne nous accuse pas de vouloir détruire par nos idées, l'esprit militaire ; nous repoussons cette accusation, et répondrons que rien n'est plus propre à démoraliser l'armée, que la vie d'hôpital qu'elle mène en Afrique.

Nous concevons à merveille les susceptibilités qui pourraient être éveillées en voyant donner à l'Algérie un gouvernement civil. Il y aurait moyen de tout concilier, et ce serait une bonne fortune pour la colonie, si M. le maréchal Clausel ou M. le général Bugeaud voulait accepter le gouvernement civil, en supposant qu'on le leur offrît.

Les succès récens que vient, dit-on, d'obtenir M. le maréchal Valée, et que nous croyons aussi exagérés que tout ce qu'on dit sur l'Émir, ne changeront pas l'opinion à son égard. Il n'en a pas moins mis la colonie dans le plus déplorable état qu'il se puisse voir. Ses succès ne sont dûs qu'à 10,000 hommes de troupes fraîches, débarquées récemment et commandées par les Duvivier, les La Moricière et les Changarnier, chefs avec lesquels les plus inhabiles généraux du monde sont toujours sûrs de triompher.

Nous désirons sincèrement que notre voix soit entendue, que la guerre n'ait pas lieu, et que les ressources qu'elle absorbera soient employées au progrès de notre établissement ; car, sans être devin, voici ce qu'on peut prévoir, presque à coup sûr : La puissance d'Abd-el-Kader ne recevra aucune atteinte de l'expédition qui se prépare ; dans un an, le tiers des 25,000 hommes qu'on envoie en Afrique aura disparu ; les trois quarts des chevaux partis de France seront morts, et 20 millions auront été dépensés sans qu'on soit plus avancé qu'aujourd'hui.

FIN.

Appendice.

Quelles sont les ressources en chevaux en Algérie. — Moyen de remédier aux pertes que nous avons éprouvées.

Ce n'est point aux prohibitions d'Ab-del-Kader qu'il faut attribuer les difficultés que nous éprouvons à remonter notre cavalerie, mais bien au décroissement rapide du nombre de chevaux dans l'Algérie. Les chiffres nous fourniront encore la preuve de cette assertion. Les trois régimens de chasseurs d'Afrique dépassent, l'un dans l'autre, le n° 2,000 au registre-matricule des chevaux, et pourtant chaque régiment n'a pas actuellement 400 chevaux valides et pouvant faire un bon service. La consommation, depuis 1830, a été :

Par les 3 régimens................. 6,000 chevaux.
Par les spahis des trois provinces..... 4,000
Par les officiers sans troupe, les trains des équipages, des parcs, les colons, les civils, les charretiers, les loueurs de chevaux, etc......................... 3,000
Par les Arabes ennemis, en guerroyant depuis 9 ans...................... 7,000

Total... 20,000 chevaux.

Voilà donc , en évaluant la consommation au minimum , 20,000 chevaux presque disparus du sol de l'Algérie en moins de 9 ans. L'espèce chevaline n'étant pas aussi facile à reproduire, ni à élever que l'espèce bovine (1), les Arabes n'ont pas trouvé assez d'avantages à la multiplier ; ils sont, d'ailleurs, incapables de donner à cette industrie les soins qu'elle demande; et, pour ne produire que des sujets qui leur resteraient, ils ont préféré s'en abstenir : si parfois on a rencontré quelque cheval de distinction dans nos remontes, c'est au hasard qu'on le doit et non à leur intelligence.

Les 2,000 chevaux qu'on est obligé d'envoyer de France , seront assujettis, en Afrique, à des fatigues qu'ils n'éprouvaient pas auparavant ; ils dépériront promptement et mourront comme frappés d'une épidémie : d'ailleurs on ne peut adopter la méthode de remonter, en France, nos régimens d'Afrique ; les chevaux sont chers et les transports fort dispendieux.

Ce sont des moyens prompts et efficaces qu'il faut employer pour suppléer à ces pertes et nous créer des ressources pour l'avenir.

Nous proposerons donc la création d'un haras en Afrique. La Calle offre un terrain immense et admirablement approprié à cet établissement. Il y a forêts, prairies, petites montagnes, enfin tout ce qui peut en favoriser le progrès.

Trois lacs, séparés par quatre langues de terre faciles à barricader, cernent, avec la mer, un terrain de 16 lieues carrées de surface. Dans les forêts, l'on trouverait en abondance tout le bois nécessaire pour faire des abris pour mille jumens qu'on pourrait acheter dans le pays, d'autant mieux que nous n'avons usé jusqu'ici que des étalons. Elles ont presque toutes du sang, malgré leur abâtardissement, et nul doute que c'est par elles que la race conserve quelque distinction; mais il faudrait faire venir de France des étalons pour grandir un peu l'espèce, qui est généralement chétive, peut-être à cause de la parcimonie

(1) Chaque bœuf, quelque mauvais qu'il soit, trouve toûjours un acheteur ; tandis qu'un cheval, pour être vendu, doit avoir de la taille et quelques qualités.

avec laquelle l'orge est distribuée aux jeunes poulains, ou à cause des travaux auxquels ils sont soumis avant d'avoir acquis leur développement.

Au bout de cinq ans on aurait déjà près de 2,000 poulains de 4, 3, 2 et 1 ans : chaque année la production serait d'environ 500 chevaux, quantité suffisante pour remonter nos régimens et pour propager une bonne race dans la colonie.

La formation de ce haras a bien souvent fait l'objet de nos entretiens avec M. le capitaine Allouard-de-St-Hilaire, excellent écuyer, très-connu à Paris. Il serait, nous le pensons, fort disposé à se charger de la direction de cet établissement.

Les dépenses premières pour l'achat des mille jumens et de 25 ou 30 étalons iraient à près de 600,000 francs; les jumens coûtant à peu près 400 fr. l'une, c'est-à-dire . .   400,000 fr. et les 30 étalons , à raison de 5,000 fr. l'un dans l'autre. 150,000

Il ne serait nécessaire de leur fournir la nourriture que pendant six mois; car les immenses prairies situées dans le terrain de La Calle, suffiraient au-delà pour les pâturages. Le foin, l'orge seraient également produits et récoltés sur les lieux.

Avec à peu près un million on commencerait cet établissement, les matériaux se trouvant en abondance et presque sans frais pour les bâtimens, les écuries , etc. , etc.

Peut-être objectera-t-on qu'on serait embarrassé des produits en jumens? Nullement. Les régimens à numéros pairs en seraient montés, et ceux à numéros impairs auraient des chevaux. Il n'est point encore prouvé que la *Castration* soit impossible en Afrique. Dans chaque corps existent une quinzaine de chevaux hongres, qui font un aussi bon service que les autres.

Nous arrêtons ici nos réflexions. Si on veut véritablement des chevaux en Afrique, cet établissement est indispensable, non-seulement pour améliorer la race, mais pour réparer la consommation que nous avons faite, sans prévoir qu'avant peu on en manquera totalement.

FIN DE L'APPENDICE.

NOTES.

—

I.

Voici comment se prélevait l'impôt dans la province de Constantine, que nous avons le plus étudiée.

Le premier officier du Bey était le Kalifa (lieutenant) : chargé de faire rentrer l'impôt que devaient payer les tribus, il était suivi d'un corps permanent de 500 Turcs, et de 2 à 3,000 cavaliers (doueyrs, zemouls); il percevait d'abord ce qui devait rentrer au trésor du Bey, et ensuite tout ce qu'il pouvait pour lui et ses gens. Les zemouls et les doueyrs étaient exempts d'impôts, à la condition de se rassembler pour marcher contre les douars qui refusaient les contributions ; ces auxiliaires recevaient du Bey un cheval et des armes. On les indemnisait des pertes qu'ils faisaient en combattant. L'*Agha* commandait cette cavalerie sous les ordres du Kalifa.

Le second officier du Bey était le Bach Ketseb ou le garde des sceaux. Il délivrait à prix d'argent les diplômes de tous les officiers publics, des cadis, des muftis, etc., et jouissait du revenu de plusieurs tribus.

Le Kaïd-Dar (officier civil) rendait la justice dans le palais même du Bey (la justice se vendait fort cher). Il avait, en outre, la direction de l'azel, ou terres du Bey, dont il touchait les revenus et en versait une partie dans le trésor.

Outre ces officiers on en comptait une dixaine moins élevés.

Le tableau suivant donnera une idée des prix payés par les hauts fonctionnaires, lorsqu'ils recevaient le caftan ou la gandoura (espèce de vêtement insigne de la dignité), et par les Scheiks lorsqu'ils recevaient le bournous rouge.

TARIF DES INVESTITURES.

Fonctionnaires de la ville.	Boudjous.
Le Kalifa..................	30,000
L'Agha....................	20,000
Le Caïd-Dar..............	40,000
Le Caïd-Jebri............	15,000
Le Bach Mouqualli........	700
Le Bach Serradj..........	1,000
Le Negged.................	500
Le Bach Ketseb...........	5,000
Le Caïd el Kasbah........	3,000
Le Caïd el Azib..........	1,000
Le Caïd el Belad.........	500

Scheiks et Caïds du dehors.

	Boudjous.
Le Caïd Sahel Skikeda....	3,000
Caïd ouled Braham........	1,400
Caïd Milah...............	3,000
Caïd Hamoucha............	5,000
Caïd Zouagha.............	2,000
Caïd Amer el Gharaba.....	5,000
Caïd ouled Darradj.......	3,000
Caïd Msila...............	3,000
Caïd ouled Abd-el-Nour...	5,000
Caïd Tslegma.............	2,500
Caïd Zmela...............	5.000
Caïd Amer-Cheraga........	2,000
Caïd Mahatsla............	1,000
Caïd el Aouassi..........	66,000
Caïd Guirfa..............	3,000
A reporter...	226,600

	Boudjous.
Report....	226,600
Caïd ouled Dehheb........	1,500
Caïd Nemenchas...........	3,000
Caïd Babor	2,000
Grand Scheik du désert....	200,000
Scheik de Ferdjouiya......	12,000
Scheik ouled Mocran......	55,000
Scheik des Righas........	45,000
Scheik Aouères...........	10,000
Scheik Belesma...........	5,000
Scheik Annencha..........	100,000
2 Scheiks ouled Mahdi.....	40,000
Scheik Sahara gharbia.....	100,000
Scheik Tuggurt...........	200,000
Scheik Sidi Asgba........	50,000
Scheik Soudiata..........	2,000
Scheik Debebga...........	2,500
Scheik Cassem gharbia....	1,500
Scheik Danbar............	1,200
Scheik Beni Merouen......	1,600
Scheik ouled Seïd Ben-slima.	2,500
Scheik-el-Bastioun (la Calle).	20,000
Caïd de Bone.............	1,500
Scheik Beni Fonda........	2,100
Scheik Jebel Edough......	1,000
Scheik ouled Sellem......	1,200
Scheik ouled Melloul......	1,400
Scheik Smela.............	900
Scheik Talha.............	900
Plusieurs autres..........	28,000
Total.........	1,118,400

II.

*Extrait d'une lettre adressée au Rédacteur du Courrier Français,
par M. le général Bugeaud.*

11 Février 1838.

Revenons à l'accusation de n'avoir pas marché sur le camp de l'Émir et d'avoir manqué par là l'occasion de conserver à la France la province de Titteri, et de faire une paix durable, au lieu de cette paix *précaire, de cette paix déplorable de la Tafna,* etc. Si la paix est déplorable pour nous, apparemment elle est avantageuse pour l'Émir. Ce n'est donc pas de son chef qu'elle sera *précaire;* et cependant c'est lui qu'on accuse de vouloir la rompre et d'avoir violé le traité. Et quand le viole-t-il? Lorsque vous avez 48,000 hommes en Afrique et quand vous venez de prendre Constantine, ce qui joint une grande puissance morale à une puissance matérielle plus forte qu'elle ne le fut jamais.

Que le public réfléchisse au rapprochement de ces faits, et peut-être devinera-t-il les causes d'une situation aussi anomalique que celle de voir rompre les traités par la partie qui, selon le général Brossard et certains organes de la presse, a le plus gagné. Au reste, je dois dire ici, et les officiers qui m'entouraient l'attesteront au besoin, que le général Brossard approuvait complétement la paix quand je la fis. Depuis il a changé de langage ; mais moi je n'ai pas changé d'opinion. Je persiste à croire qu'il n'y avait rien de mieux à faire avec les moyens dont nous pouvions disposer. J'en dirai les raisons à la tribune, si j'y suis amené ; je ne pourrais le faire dans les limites d'un article de journal.

Toutefois je ne puis me dispenser ici d'examiner si *la France et le général Bugeaud lui-même doivent avoir des regrets cuisans* de ce que le conseil de marcher sur le camp de l'Émir n'a pas été suivi.

Qu'est-ce qu'un camp arabe ? Est-il retranché comme un camp d'Europe ? Occupe-t-il un point stratégique important à ôter à l'ennemi ? Y a-t-il de nombreuses provisions de guerre et de bouche, un grand matériel à saisir ? Est-ce quelque chose de difficile à évacuer et qu'il y ait probabilité de prendre ? Non ; c'est tout simplement une réunion de tentes mobiles, établies sur le bord d'un ruisseau ou près d'une fontaine. Dix minutes suffisent pour tout charger sur des chameaux ; le camp s'en va , et les cavaliers se présentent s'ils se croient assez forts pour combattre. Une fois pour toutes, qu'on le sache bien , les talens des plus grands généraux concentrés en un seul, ne forceraient pas les Arabes à combattre quand ils n'en ont pas l'intention. Rien ne les oblige à vous attendre ; ils n'ont rien à garder , rien à protéger , et ils ne peuvent rien garder ni protéger , parce que leur force consistant en cavalerie irrégulière , ils ne peuvent défendre un point fixe contre une armée régulière, dont la principale force se compose d'infanterie. La cavalerie régulière d'Europe ne pourrait pas beaucoup plus que les Arabes défendre une position , un camp retranché.

Cette vérité doit empêcher de déplorer, comme vous le faites, la perte de la province de Titteri ; car on la reprendra quand on voudra. Les Arabes, long-temps encore, n'auront pas la puissance d'arrêter une colonne de 8,000 Français. Elle parcourra le pays tant que dureront les vivres qu'elle portera avec elle, et tant qu'elle aura des transports pour ses malades et ses blessés ; après quoi elle sera forcée de revenir sur la côte, à moins qu'ayant un effectif double de celui qu'on avait à l'époque dont parle M. de Brossard, il n'y ait une autre colonne, à peu près d'égale force, sans cesse occupée à prendre des vivres à nos dépôts sur la mer, pour ravitailler la colonne agissante. C'est ainsi seulement qu'on pourrait s'emparer réellement de la province de Titteri ou de toute autre. Qu'aurait donc produit la marche sur le camp de l'Émir, qui d'ailleurs était levé, puisqu'il marchait sur Médéah ? Chez les Arabes, *camp* est synonyme de *troupe*. Lorsque la troupe est partie, il n'y a plus de camp. Ma marche aurait produit ce qu'on produit les expéditions de Mascara et de Tlemcen, faites par M. le maréchal Clausel, avec 12,000 hommes. La puissance d'Abd-el-Kader n'en a pas reçu la moindre atteinte, et M. le Maréchal, quand il voulut marcher sur Rachgoun, cinq ou six semaines après, trouva Abd-el-Kader à l'embouchure de l'Isser et de la Tafna, plus fort qu'auparavant. Ce n'est pas parce que M. le Maréchal avait mal opéré ; il avait fait tout ce qu'il était possible de faire, et son armée avait pleine confiance en ses talens guerriers. Cela tient à la force des choses, à la constitution matérielle, agricole, industrielle et guerrière des Arabes.

Qu'on tâche donc de comprendre, enfin, que les combinaisons stratégiques d'Europe n'ont aucun sens en Afrique : les choses, les armées étant toutes différentes, la guerre doit différer également. Il n'y a pas de clefs d'une contrée ; il n'y a pas à prendre de ces positions qui commandent au loin le pays, militairement parlant. On ne tourne pas les Arabes, tous les points de l'horizon leur sont indifférens ; on ne s'empare pas de leurs lignes de communication, tous les chemins leur sont bons ; on ne menace pas leurs dépôts, et le siége de leur gouvernement, le cœur de leur puissance, leurs dépôts sont des silos invisibles depuis la guerre ; le cœur de leur puissance est aussi mobile que leur camp. Comment donc les soumettre ? Il n'y a pas deux moyens : dominez les intérêts agricoles, mettez-vous en situation de leur dire : vous ne sèmerez pas, vous ne moissonnerez pas, vous ne pâturerez pas sans notre permission. Alors ils seront forcés de se soumettre ; car ils ne peuvent vivre dans le désert. Que faut-il pour obtenir ce résultat ? 90,000 ou 100,000 hommes *judicieusement employés*. Si la France veut faire cet effort, elle le peut sans doute. Alors rassurez-vous ; nous reprendrons Titteri et le pays entier, par journées d'étapes, sans autres difficultés que celles que présentent le climat, la rareté des eaux et l'absence de toutes ressources alimentaires, comme de tout abri contre les intempéries.

Ce ne sera pas Abd-el-Kader avec ses cavaliers légers et adroits, mais privés de force, d'ensemble et de puissance pour conserver un point donné, qui nous en empêchera. Mais, si le pays croit qu'il y a quelque chose de mieux à faire chez lui, et s'il pense que le but ne répond pas aux moyens que j'indique pour obtenir la soumission, alors ne vous plaignez plus que je ne vous aie pas réservé assez de terrain. Il serait bien possible qu'on m'accusât bientôt d'en avoir gardé trop. Au reste, ce qui prouve que pour le moment il y en a du moins assez, c'est qu'on n'a pas encore occupé Blida et Koléah.

III.

Extrait du Moniteur Algérien, *du 16 octobre 1838.*

ARRÊTÉ.

Nous Maréchal de France, Gouverneur-Général des possessions françaises dans le nord de l'Afrique; voulant pourvoir au gouvernement et à l'administration de la province de Constantine;

Vu l'urgence;

Avons arrêté et arrêtons ce qui suit :

Art. 1er. Le gouvernement de la partie de la province de Constantine, dont la France ne se réserve pas l'administration directe, sera confié à des Kalifas qui relèveront immédiatement du commandant supérieur.

La tribu des Hennenchas, celle des Haractas, celle des Amers-Cheraguas, seront placées sous l'autorité de Caïds qui auront le rang et les attributions accordés aux chefs de ces tribus sous le gouvernement des Beys. Ils seront en relation directe avec le commandant supérieur de la province.

Le Djerid et la partie du désert qui y est annexée, resteront sous l'administration du Scheik el Arab; ce Scheik conservera les honneurs qui lui étaient précédemment attribués, et aura le rang de Kalifa.

La ville de Constantine sera placée sous l'autorité d'un Hakem qui aura le rang de Kalifa, et relèvera directement du commandant supérieur.

Les Kalifas, le Hakem, le Scheik el Arab, et les Caïds des Hennenchas, des Haractas et des Amers seront indépendans les uns des autres.

Art. 2. Les Kalifas prendront rang, dans l'ordre des préséances, d'après la date de leur nomination.

Art. 3. Les Kalifas auront, dans l'étendue de leur commandement, les honneurs attribués au Kalifa sous le gouvernement des Beys. Ils pourront habiter à Constantine; mais ils n'auront aucune autorité dans cette ville.

Art. 4. Les Kalifas, le Scheik el Arab, et les Caïds des Hennenchas, des Haractas et des Amers nommeront les Scheiks des tribus soumises à leur administration. Ils présenteront, au commandant supérieur de la province, des candidats pour les emplois de Caïds. Les tribus dont les Caïds et les Scheiks avaient la gandoura ou toute autre marque honorifique, conserveront ce privilége.

Art. 5. Les Kalifas, le Scheik el Arab, et les Caïds des Hennenchas, des Aractas et des Amers percevront, chacun dans leur arrondissement et pour le compte de la France, l'achour, le hoker et la contribution en paille : ils en verseront le produit dans le trésor, ou dans les magasins de l'État, en présence du conseil d'administration de la province qui leur délivrera des reçus réguliers.

Le tiers du hoker leur sera abandonné pour leur tenir lieu de traitement et de frais de représentation. Dans les tribus où il ne sera payé qu'une somme d'argent, une moitié représentera le hoker et l'autre la dîme.

Il sera pourvu par une disposition spéciale au traitement du Hakem de la ville de Constantine. Les Caïds et les Scheiks continueront à percevoir les droits d'usage.

Art. 6. Les propriétés du beylick et celles sous le séquestre, seront régies par le conseil d'administration de la province; elles seront affermées par adjudication publique, et les revenus en seront versés au trésor.

Art. 7. Les Kalifas entretiendront, dans chaque tribu, des cavaliers dont le nombre sera ultérieurement fixé. Ces cavaliers seront chargés de maintenir la tranquillité du pays et d'assurer la sécurité des routes. Ils marcheront toutes les fois que le commandant de la province le prescrira, et dans ce cas ils recevront une solde pour la durée de leur service, conformément au tarif actuellement en usage.

Les cavaliers arabes non entretenus pourront également être employés par le commandant supérieur, et dans ce cas ils marcheront sous les ordres des Scheiks, et recevront pour la durée de leur service la solde fixée par le tarif précité.

Art. 8. Les Musulmans seront gouvernés suivant les lois du Prophète. Les Scheiks qui auront des plaintes à porter contre les Kalifas ou contre les Caïds, soit pour eux-mêmes, soit pour leur tribu, les soumettront au commandant supérieur de la province, qui y fera droit.

Art. 9. Les Kalifas, au moment de leur investiture, recevront le kholla : ils prêteront serment de fidélité au Roi et d'obéissance au commandant supérieur. Ils offriront au Roi, à titre d'hommage, un cheval harnaché, et seront dispensés de tout autre droit d'investiture.

Les Caïds des Amers et des Haractas recevront la gandoura : ils prêteront, ainsi que le Scheik el Arab et le Caïd des Hennenchas, des Haractas et des Amers, le même serment que les Kalifas.

Les Kalifas, le Scheik el Arab et le Caïd des Hennechas, des Haractas et des Amers se rendront auprès du commandant supérieur, toutes lesfois qu'ils en seront requis, et, dans tous les cas, au moins une fois l'an.

Art. 10. Les chefs des indigènes, quel que soit leur titre, pourront être révoqués par le Gouverneur-Général, sur la proposition du commandant supérieur de la province, qui, en cas d'urgence, les suspendra provisoirement de leurs fonctions.

Art. 11. Le Commandant supérieur de la province de Constantine est chargé de l'exécution du présent arrêté.

Constantine, le 30 septembre 1838.

Pour ampliation :   *Signé* Cte VALÉE.

Le Secrétaire du Gouvernement,

Vaïsse.

—

ARRÊTÉ.

NOUS, Maréchal de France, Gouverneur-Général des Possessions françaises dans le nord de l'Afrique,

Voulant pourvoir à l'administration de la province de Constantine ;

Vu notre décision du 15 mars 1838, portant création d'un Conseil d'administration à Constantine ;

Attendu l'urgence,

Avons arrêté et arrêtons ce qui suit :

Art. 1er. Le Conseil d'administration de la province de Constantine sera à l'avenir composé :

Du Commandant supérieur, président ; — Du S.-Intendant militaire chargé des services administratifs ; — Du Payeur de la division, secrétaire ; — Du Hakem de la ville ; — Des Kalifas ; — Du Scheik el Arab ; — Du Caïd des Hennenchas ; — Du Caïd des Haractas ; — Du Caïd des Amers.

Art. 2. Le Conseil d'administration sera chargé spécialement de surveiller la rentrée des impôts : il dressera procès-verbal des versemens faits par les Kalifas, le Scheik el Arab et les Caïds des Hennenchas et des Amers-Cheraguas.

Il administrera les propriétés du beylick, procèdera à l'adjudication des baux à-ferme, et fera rentrer au trésor les revènus qui en proviendront.

Le Conseil d'administration pourvoira, sous l'approbation du Gouverneur-Général, aux dépenses d'utilité publique dont l'urgence serait reconnue et pour lesquelles des fonds spéciaux n'auraient pas été alloués.

Art. 3. Les procès-verbaux des séances du Conseil d'administration, signés des membres présens à la délibération, seront adressés, par le Commandant supérieur, au Gouverneur-Général des Possessions françaises dans le nord de l'Afrique.

Art. 4. Le Conseil municipal de la ville de Constantine est maintenu : sa composition et ses attributions ne subiront aucune modification.

Art. 5. Le Commandant supérieur de la province de Constantine est chargé de l'exécution du présent arrêté.

Constantine, le 30 septembre 1838.

Cte VALÉE.

Pour ampliation :
Le Secrétaire du Gouvernement ;
   Vaïsse.

PARTIE NON OFFICIELLE.

Chronique d'Alger.

Par suite des arrêtés ci-dessus, ont été nommés Kalifa du Sahhel, sidi Aly ben Aïssa ; Kalifa de Ferjouia, sidi Achmet ben Hamelaoui ; Caïd des Haractas, sidi Aly ben Bahamed ; Caïd des Amers-Cheraguas, sidi Mockar ben Choualla.

Ferhact ben Saïd a été maintenu dans l'emploi de Scheik el Arab.

Le 4 octobre, les chefs, revêtus de dignités nouvelles, ont reçu l'investiture dans le palais de Constantine, en présence des Ulémas et des principaux habitans. Chacun d'eux, avant de revêtir le kholla ou la gondoura (marque de la dignité à laquelle il était élevé), a prêté sur le Coran, entre les mains des Cadis et des Muftis, serment de fidélité au Roi et d'obéissance au Commandant supérieur de la province. Ils ont ensuite été reconduits chez eux par la musique du beylick, avec le cérémonial en usage dans la régence avant la conquête.

FIN DES NOTES.

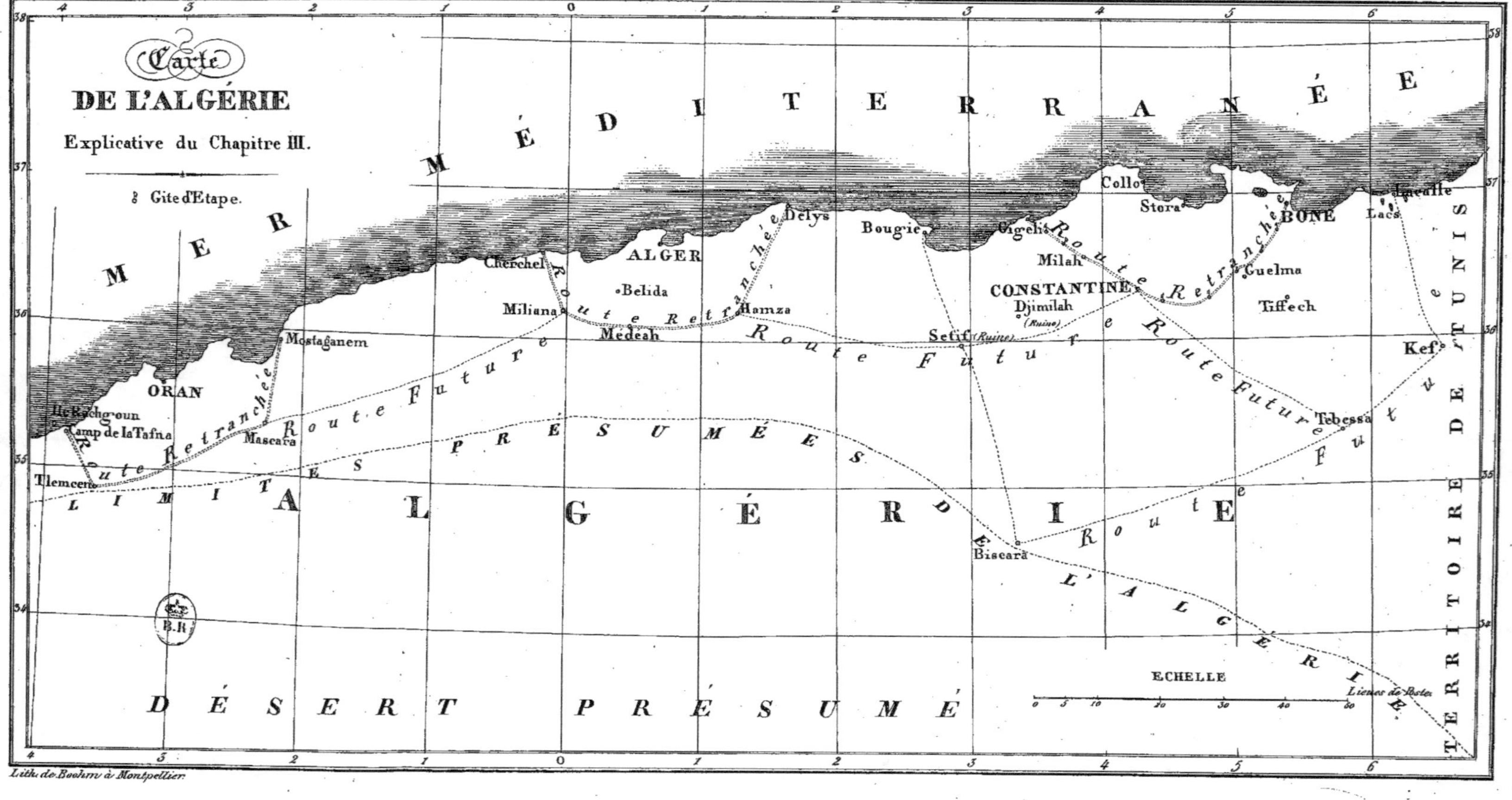

Carte
DE L'ALGÉRIE
Explicative du Chapitre III.
Gîte d'Etape.
MER MÉDITERRANÉE
MER
ORAN
Ile Rachgoun
Camp de la Tafna
Tlemcen
Mostaganem
Mascara
Cherchel
Miliana
Belida
Medeah
ALGER
Hamza
Delys
Bougie
Sétif (Ruine)
Djimilah
(Ruine)
CONSTANTINE
Milah
Collo
Stora
Gigelli
BONE
Lacalle
Lacs
Guelma
Tiffech
Kef
Tebessa
Biscara
Route Retranchée
Route Future
Route Retranchée
Route Future
Route Future
Route Retranchée
Route Future
Route Future
LIMITES PRÉSUMÉES
LIMITES PRÉSUMÉES
ALGÉRIE
DÉSERT PRÉSUMÉ
ROUTE DE L'ALGÉRIE
TERRITOIRE DE TUNIS
ECHELLE
Lieues de Poste
B.R.
Lith. de Boehm à Montpellier.